Cordula Natusch

Hamburg abseits der Pfade

W0194489

CORDULA NATUSCH

Hamburg

ABSEITS DER PFADE

Eine etwas andere Reise durch
die Metropole an Elbe und Alster

braumüller

Bibliografische Information der Deutschen Nationalbibliothek
Die Deutsche Nationalbibliothek verzeichnet diese Publikation in der
Deutschen Nationalbibliografie – detaillierte bibliografische Daten
sind im Internet über http://dnb.d-nb.de abrufbar.

Printed in Austria

1. Auflage 2015
© 2015 by Braumüller GmbH
Servitengasse 5, A-1090 Wien
www.braumueller.at

Textquellen: S. 37: Zitiert nach Ulrich Alexis Christiansen: *Hamburgs
dunkle Welten,* Links Verlag 2008; S. 80: Zitiert nach Daniel Bartels:
Der Grillenscheucher. Scherz und Ernst in hoch- und plattdeutscher Sprache
mit Illustrationen von H. de Bruycker, 2. Teil, 11. Aufl., F. Dörling 1911;
S. 103: Zitiert nach: http://gutenberg.spiegel.de/buch/matthias-claudius-
gedichte-5209/18; S. 173: Zitiert nach Herman Anders Krüger: *Der junge
Eichendorff,* Oppeln 1898

Coverfoto: pixabay.com / Michael Fertig
Karte S. 6: MichaelBueker | wikimedia (CC BY-SA 3.0)
Karten S. 8, 26, 54, 84, 110, 128, 140, 158:
openstreetmap.org | © OpenStreetMap-Mitwirkende (CC BY-SA 2.0)

Lektorat: Julia Hinske
Satz: Alexandra Schepelmann | schepelmann.at
Druck: Druckerei Theiss GmbH, A-9431 St. Stefan im Lavanttal
ISBN 978-3-99100-155-3

*Meinem Vater, dem ich meine Neugier
und die Lust am Entdecken verdanke.*

*Meiner Mutter, die gut gelaunt
jede noch so verrückte Idee mitmacht.*

Inhalt

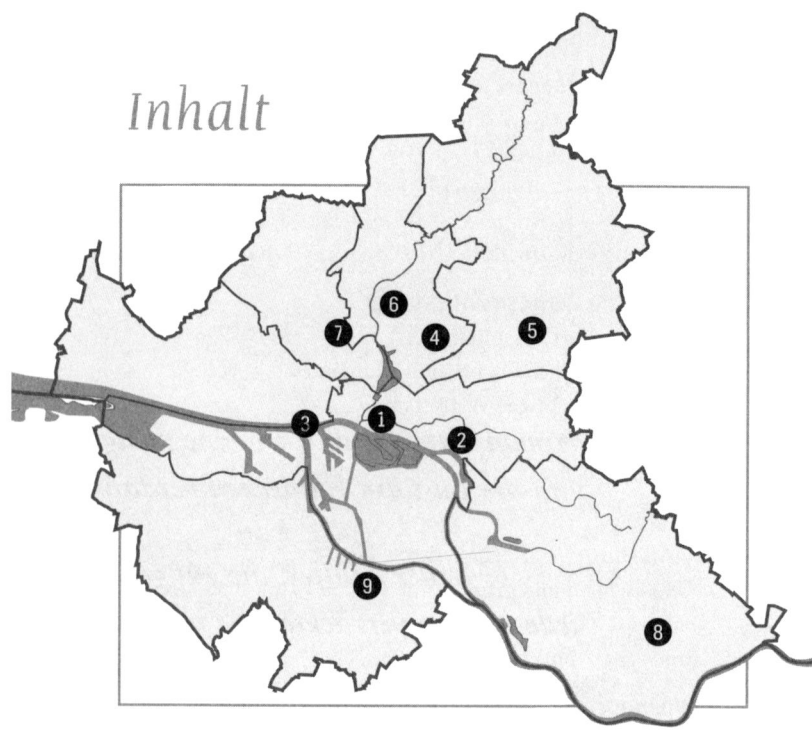

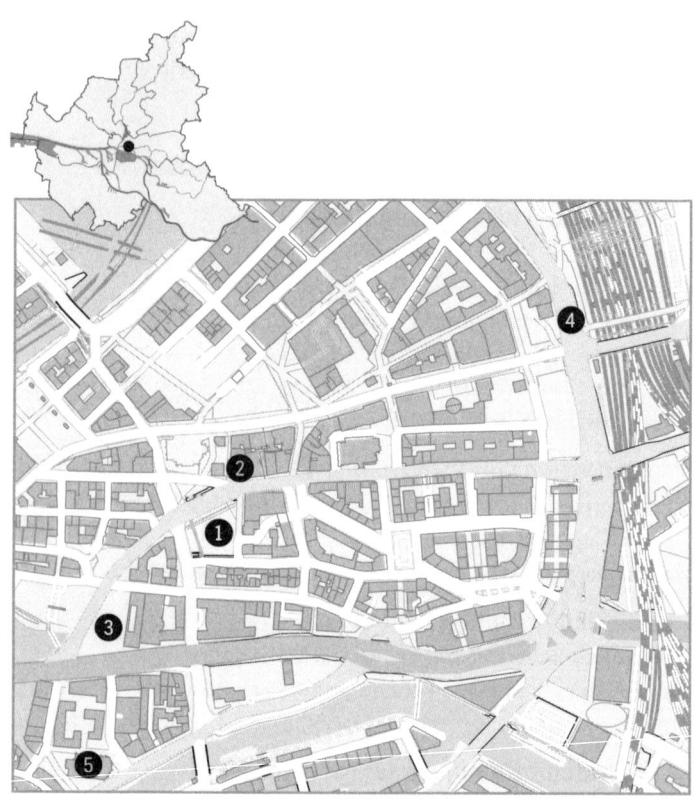

1 „Domplatz" Speersort
2 „Bischofsturm"
3 Zürichhaus
4 Tiefbunker unter dem Hauptbahnhof
5 St. Katharinen

Entdeckungen
in der Innenstadt

Gut sechs Millionen Menschen besuchen Hamburg jedes Jahr und bleiben durchschnittlich zwei Tage. An sonnigen Tagen, wenn überall das Wasser glitzert, die Fassaden der alten Kontor- und Handelshäuser strahlen und sich die Stadt von ihrer schönsten Seite zeigt, strömen die Menschen in Massen an die Binnenalster und in Richtung Hafen. Es ist nicht einfach, im Trubel der Innenstadt ruhigere, etwas unbekanntere Ecken zu finden, aber es gibt sie.

Die Hammaburg: die Wurzeln von Stadt und Hafen

Ich stehe auf dem Platz zwischen Speersort und Schopenstehl, nur ein paar Meter von der Mönckebergstraße entfernt. Trotz der Nähe zum Rathaus verlaufen sich nur vergleichsweise wenige Touristen hierher, und wenn, dann sitzen sie meist vor dem Hofbräu Wirtshaus, in dem die Bedienung tatsächlich in Dirndl und Lederhose serviert. Der historischen Bedeutung dieses Orts, der inoffiziell Domplatz heißt, sind sich wohl die wenigsten bewusst. Dabei fing hier alles an. An dieser Stelle befinden sich die Wurzeln der heute zweitgrößten Stadt Deutschlands.

Im Boden unter mir haben Archäologen bei Ausgrabungen in den 1980er-Jahren Spuren von Befestigungsanlagen aus dem 8. Jahrhundert nachgewiesen. Die Enttäuschung war groß. Zu alt waren die Funde, um von der Hammaburg zu stammen, dachte man damals, galt doch Karl der Große als Stadtgründer. Dabei war man überzeugt gewesen, hier auf Hamburgs Ursprung zu stoßen. Doch die Enttäuschung war unberechtigt. Nach jüngeren Grabungen sind sich die Archäologen mittlerweile sicher (und haben die Resultate ihrer Forschungen mit einer großen Ausstellung 2014 dokumentiert): Hier stand die legendäre Hammaburg! Oder vielmehr die Hammaburgen, denn insgesamt tragen drei nachgewiesene Befestigungen diesen Namen. Allerdings musste mit dieser Erkenntnis Hamburgs Gründungsmythos um Karl den Großen beerdigt werden …

Wie mag es damals wohl hier ausgesehen haben?

„Ham", das ist altsächsisch und bedeutet so viel wie „Bucht" oder „Wiese". Die „Hammaburg" ist also die „Bucht-" oder „Wiesenburg". Vermutlich war die Gegend den heutigen Elbauen flussaufwärts ähnlich, sehr grün und ziemlich matschig. Der Standort war gut gewählt, an ihm trafen im 8. Jahrhundert Elbe, Bille und Alster zusammen. Durch die Alster führte eine Furt, durch die Fuhrwerke den Fluss überqueren konnten. Später wurde ein Stück des Ufers befestigt, die Urzelle des Hafens. Eine kleine Siedlung, ein befestigtes Flussufer, eine Furt für den Weitertransport, von Beginn an, so scheint es, war dieses Fleckchen für den Handel prädestiniert. Ich blicke mich um. Noch heute ist der Geestsporn, die Landzunge, auf der die Siedlung lag, zu erkennen. Das leicht erhöht liegende Land fällt zur Straße Schopenstehl hin deutlich ab. Einen Eindruck von der Höhe und der Ausdehnung der mittelalterlichen Befestigungen vermitteln die schwarzen Bauten, die „Wälle", die auf dem Platz aufgestellt sind. Ich stelle mich in die Mitte und staune. Wie klein das alles ist! Wie überschaubar. Innerhalb der Wallanlage standen nur einige wenige Gebäude, außerhalb ein paar Hütten. Selbst die Kapelle des heiligen Ansgar, der von Hamburg aus Skandinavien missionierte, lag außerhalb, heute wird sie unter der St. Petri-Kirche vermutet. Und wie nah die Feinde waren. Gleich östlich dieses Platzes, dort, wo heute die Steinstraße entlangführt, lag das Land der Slawen.

Die Gefahr kam dann aber aus einer anderen Richtung. 845 überfielen Wikinger die Hammaburg, so vermelden mittelalterliche Quellen. Bischof Ansgar und der weltliche Herrscher, Graf Bernhard, flohen, die Befestigungsanlagen wurden geschleift (die verheerende Brandschatzung, von der die alten Quellen berichten, lässt sich allerdings im Boden nicht nachweisen). Andere Bewohner aber blieben, trieben weiter Handel und hielten so die Ansiedlung am Leben. Die Wende kam, als die kleine Stadt zum Erzbistum ernannt wurde. Ein erster Hafen und die Hammaburg III entstanden. Später wurde auch diese größere Befestigungsanlage wieder zerstört, danach wurde keine neue gebaut. Stattdessen errichtete man im Osten den sogenannten Heidenwall als Schutzwall – und Wachtürme.

Zeit für einen Besuch beim Bäcker Dat Backhus im Speersort 10, neben der St. Petri-Kirche. Nicht etwa, weil es da besonders guten Kuchen gäbe, nein, ich will in den überaus sehenswerten Keller des Gebäudes. Also besorge ich mir einen Kaffee und steige die Treppe hinab ins Untergeschoss, in dem eine Außenstelle des Archäologischen Museums der Stadt untergebracht ist. Hier sitze ich bei etwas schummerigem Licht in der Mitte eines der ältesten erhaltenen Bauwerke Hamburgs: dem Fundament eines Turms, neunzehn Meter im Außendurchmesser und kreisrund. Nach seiner Entdeckung 1962 hielt man diesen Steinturm aus riesigen Findlingen zunächst für den Sitz des Bischofs Bezelin Alebrand, und bis heute ist er in der Stadt als Bischofsturm bekannt. Allerdings stammt dieses Fundament aus dem 12. Jahrhundert und ist damit zu jung für das in den mittelalterlichen Quellen erwähnte bischöfliche

Gebäude. Es handelt sich
wohl eher um die Überreste
eines Stadttors, das die Stadt
nach Osten hin sicherte,
ein Stadttor, wie es bis
heute das Stadtwappen
Hamburgs ziert. Im Inneren
des mächtigen Kreises sind
neben Kaffeetischen und Stühlen auch Vitrinen mit archäologischen Funden und ein Modell des Turms, wie er wohl ausgesehen
hat, aufgestellt. Wer um die Reste des Turms herumgeht, findet
dahinter einen zweiten, kleineren Steinkreis, einen ehemaligen
Brunnen, der schon innerhalb der Befestigung lag. In einem
abgetrennten Raum ist eine Nachbildung einer Glocke des
Hamburger Domgeläuts ausgestellt. Bei Ausgrabungsarbeiten
wurde auch eine Glockengussgrube gefunden, deren Glocken
dieselben Ausmaße hatten wie diese Nachbildung.

Ein „Domplatz", eine Glockengussgrube für den Dom
und die Glocke eines Domgeläuts – aber wo ist der Dom?
Ich gehe wieder nach draußen auf den freien Platz zwischen
den Stahlwällen. Heute ist der Mariendom nur noch eine
Erinnerung. Bis 1806 stand er direkt hier auf dem Speersort,
ein Rest auch politischen katholischen Einflusses mitten in der
schon lange protestantischen Hansestadt. Als das Gotteshaus
mit der Zeit immer weiter verfiel, ließ es die Bürgerschaft, der es
bei der Säkularisierung zugefallen war, kurzerhand vollständig
abreißen. Die weißen Quader auf dem Speersort deuten noch

den Grundriss der Kirche an. Vom westlichen Ende, vom Alten Fischmarkt aus, sind die Ausmaße des breiteren Hauptschiffs, der beiden schmaleren Seitenschiffe und des Kreuzgangs gut zu erkennen. In einen der Quader in der linken äußeren Bahn ist eine durchsichtige Plexiglasscheibe eingelassen, durch die – wenn sie nicht gerade von innen beschlagen ist – noch Fundamentreste des Doms zu sehen sind.

Natürlich wurden auch an anderen Stellen in der Innenstadt Spuren der früheren Bewohner gefunden. Im Zürichhaus, einem Gebäude der Architekten Gerkan, Marg und Partner, sind einige Stücke, die beim Bau des Gebäudes ausgegraben wurden, ausgestellt und während der Öffnungszeiten des Bürohauses frei zugänglich. (Die genaue Anschrift ist Domstraße 17–21, südlicher Eingang, in der Halle rechts.)

Es ist ein ungewöhnlicher Glücksfall, dass ausgerechnet dieser Platz, der historisch so wichtig ist, heute freiliegt, während doch sonst nahezu jedes Quadratzentimeterchen in der Hamburger Innenstadt unter Häusern und Straßen begraben ist. Noch, möchte man sagen. Denn natürlich gab und gibt es

Blick auf den Speersort vom Turm der St. Petri-Kirche aus

Gedankenspiele, dieses Filetstück mitten in der I
bebauen. Bleibt zu hoffen, dass es angesichts der
Bedeutung dieses Orts bei Gedankenspielen bleib

Zeitreise in den Kalten Krieg: der Atombunker unter dem Hamburger Hauptbahnhof

„Sie setzen sich bitte hierhin!" René Rühmann, Mitarbeiter des Vereins Hamburger Unterwelten, weist mir einen Platz in einer Sechsersitzreihe zu. Ich setze mich auf den harten, schmalen Sitz und lehne meinen Kopf an das Schaumstoffpolster darüber. Neben mir nehmen auf Anweisung weitere Besucher Platz, eng an eng. „Und jetzt", beginnt unser Guide, „stellen Sie sich vor, dass dies für die nächsten vierzehn Tage Ihr Zuhause ist. Sie werden sechzehn Stunden am Tag sitzen und im Drei-Schichten-System acht Stunden auf Pritschen liegen."

Ich bin im Tiefbunker unter dem Hamburger Hauptbahnhof, dessen tiefste Ebene bis auf 11,8 Meter unter die Erde reicht. In Hamburg sind noch zahlreiche Bunker und Schutzräume aus dem Zweiten Weltkrieg erhalten. Sie waren dazu gedacht, während der Angriffe der Alliierten Schutz zu bieten. Waren die Bomber abgezogen, kehrten die Menschen in ihre Häuser und Wohnungen oder das, was davon übrig geblieben war, zurück. Dieser Tiefbunker hingegen ist anders. Zwar stammt auch er aus dem Zweiten Weltkrieg, er wurde aber von 1965 bis 1969, in Zeiten des Kalten Kriegs, umgebaut. Während der Kubakrise war die Menschheit so nah an den Rand ihrer Vernichtung gerückt wie nie zuvor, überall suchten die Regierungen nach Möglichkeiten, die Bevölkerung im Falle eines Atomkriegs zu retten. Über zweitausend Menschen sollten in diesem Bauwerk nach dem Umbau nicht nur Schutz

Sechzehn Stunden am Tag sitzen im Atombunker
unter dem Hamburger Hauptbahnhof

vor den Bomben, sondern auch vor dem radioaktiven Fallout nach einem Angriff mit Atomwaffen finden. Und das bedeutete: Die Menschen hätten hier ausharren sollen, bis die atomare Strahlung weit genug abgeklungen und ein Transport in unverstrahlte Gebiete möglich gewesen wäre. Vierzehn Tage lang, so rechnete man, würden die Menschen in ihrem unterirdischen Versteck bleiben müssen. Vierzehn Tage lang eingezwängt mit wildfremden Menschen, mit nur eingeschränkter Hygiene und ohne Beschäftigung. Ohne Kontakt zur Außenwelt, zu Familienangehörigen und zu Freunden. Ohne Privatsphäre und ohne die Möglichkeit, den Bunker wieder zu verlassen. Ohne zu wissen, was draußen vor sich geht.

Die Ausstattung ist karg. Holzsitze, metallene Ablagen und ein paar Kleiderhaken – mehr Platz war für die Geretteten im Bunker nicht vorgesehen. Alles ist äußerst einfach, alles ist auf das pure Überleben ausgerichtet: Jeder bekam eine Suppenschüssel, einen Löffel. Etwas Seife und ein Grubentuch als Handtuch. Die Toiletten haben keinen Deckel, keine Brille, keine Tür, nur einen Vorhang. 2702 Menschen konnten hier unten überleben, mehr nicht. 2702 war die maximale Anzahl an Personen, für die Luft, Wasser und Nahrungsvorräte ausreichen würden. In den Bunker führen eine schmale, steile Treppe und eine Schleuse, die immer nur einen Flüchtenden einlässt. Mich fröstelt es, nicht nur wegen der dauerhaft kühlen 12 °C, die im Bunker herrschen – wäre er voll besetzt, wäre eher die von den Menschen ausgehende Wärme ein Problem. Die Szenen, die sich vor der Tür abgespielt hätten, wenn diese sich endgültig schließt, möchte ich mir gar nicht ausmalen.

Fast anderthalb Stunden dauert die Führung durch dieses ebenso beklemmende wie faszinierende Bauwerk, das mitten in der Innenstadt liegt und das selbst viele Hamburger nicht kennen. Als ich nach dieser Zeitreise wieder die vierunddreißig Stufen zum unscheinbaren Einstieg neben dem Hauptbahnhof hochklettere, bin ich sehr froh, dass an diesem Tag dort oben nichts weiter strahlt als die Sonne.

Es ist dem Verein Hamburger Unterwelten zu verdanken, dass der Tiefbunker unter dem Hauptbahnhof heute für Besucher offensteht und beim Rundgang verschiedene technische Einrichtungen nicht nur besichtigt werden können („Bitte nichts anfassen, das ist alles noch voll funktionsfähig!", warnt uns René Rühmann), sondern dass sogar die Schleusen- anlage noch vorgeführt werden kann. Der Verein veranstaltet regelmäßig Führungen durch den Bunker, eine verbindliche Anmeldung (mindestens einen Monat im Voraus) ist unbedingt notwendig. *(www.hamburgerunterwelten.de)*

Wundervolle Orgelpfeifen: ein Besuch in der Kirche St. Katharinen

Beste Lage: Die Hauptkirche St. Katharinen liegt am Kathari- nenkirchhof mitten im Zentrum gegenüber der Speicherstadt, direkt an der Elbe, nur einen Steinwurf vom Kontorhausviertel entfernt. Dennoch kommen überraschend wenige Besucher hierher. Vielmehr wird die Kirche meist in einem weiten Bogen umrundet. Die typische touristische Route führt von der Binnenalster über das Rathaus und die historische Deichstraße in das Weltkulturerbe Speicherstadt, von dort in die Hafencity und weiter in Richtung Chilehaus. St. Katharinens charakteristischer, schöner, geschwungener Turmhelm mit dem Goldkranz ist dabei von den unterschiedlichsten Blickwinkeln aus zu sehen, liegt die Kirche doch in etwa im Mittelpunkt dieses Rundgangs. Doch den Weg zu ihr hin? Den finden nur wenige.

Dabei lohnt es sich, einmal in die Mitte vorzustoßen und dieses alte, ehrwürdige Gotteshaus mit seiner runden, bauchigen und an ein Schiff erinnernden Form zu besuchen. Immerhin stammen Teile des Turmschafts aus dem 13. Jahrhundert und gehören damit zu den ältesten Bauten der Stadt. Urkundlich erwähnt wurde die Kirche das erste Mal 1250, fertiggestellt wurde sie im 15. Jahrhundert und diente vor allem als Kirche für die Schiffbauer und die Bierbrauer. Im Zweiten Weltkrieg wurde St. Katharinen schwer beschädigt, die Innenausstattung ging fast vollständig verloren. Aber sie wurde nach dem Krieg – anders als die Nachbarkirche St. Nikolai – wieder aufgebaut, zwischen 2007 und 2013 umfassend saniert, und nun erstrahlt sie in neuem Glanz.

Mich bezaubert immer wieder die ebenso schlichte wie eindrucksvolle Eleganz dieser Kirche. Wer heute den Innenraum betritt, steht in einem hohen, schmalen, weitgehend ungeschmückten Kirchenraum. Klar, hell, aufstrebend wölbt sich das Kirchenschiff über Rundpfeilern vor mir auf, oben funkeln ein paar Sterne an der Decke. Das älteste erhaltene Kunstwerk ist das Kruzifix mit einem um 1300 entstandenen Corpus gleich beim Eingang. Direkt dahinter entdecke ich die in den Pfeiler eingelassene Flutmarke der Sturmflut von 1962. Gegenüber hängen zwei Gemälde aus dem frühen 16. Jahrhundert, die eine Reihe von Kunstwerken aus dem 16. und 17. Jahrhundert eröffnen. Mindestens ebenso sehenswert finde ich, was St. Katharinen an moderner Kunst zu bieten hat: Fenster von Hans Gottfried von Stockhausen oder die große Bronzetür am Südportal von Fritz Fleer, von dem auch der Osterleuchter stammt. Das berührendste Kunstwerk hängt in der Turmhalle (Eingang vom Grimm aus): eine Gedenktafel, angebracht für die achtzig Toten, die beim Untergang der Pamir im Jahr 1957 ums Leben kamen. Über der Tafel schwebt ein Albatros, Symbol für die Seelen ertrunkener Seeleute. Die meisten Opfer waren noch Kadetten, zwischen sechzehn und achtzehn Jahre alt. Die Katastrophe des Segelschulschiffs war ein Unglück, das die Seefahrerstadt Hamburg besonders betroffen gemacht hat und macht.

Bekannt ist die Kirche aber vor allem durch ein Schmuck-stück, das nur von außen zu sehen ist: die goldene Krone am Turmhelm, die angeblich aus dem Schatz des Piraten Klaus Störtebeker hergestellt wurde. Eine Legende, an der allerdings nichts dran ist. Macht nichts, die Hamburger erzählen sie trotzdem gern weiter. Sie lieben ihn einfach, den alten Freibeuter.

In der Geistesgeschichte Hamburgs hat St. Katharinen immer wieder eine bedeutende Rolle gespielt. Hier wurde 1521 zum ersten Mal eine reformatorische Predigt in Hamburg gehalten, hier war ab 1755 Johann Melchior Goeze, der die Aufklärung vehement ablehnte, als Hauptpastor tätig. Ab 1774 geriet er in eine heftige religiöse Auseinandersetzung mit Gotthold Ephraim Lessing über die Auslegung der Bibel, Frag-mentenstreit genannt. Die beiden kannten sich aus der Zeit, als Lessing als Dramaturg am Hamburger Nationaltheater tätig war. Goeze stand später Vorbild für den Patriarchen in Lessings Drama *Nathan der Weise*.

St. Katharinen ist nicht nur eine geschichtsträchtige und sehenswerte, sondern vor allem eine sehr hörenswerte

Kirche. Seit 2013 wird sie während der Gottesdienste und bei Konzerten vom vollen Klang der Rekonstruktion einer berühmten Orgel, der sogenannten Großen Bachorgel, erfüllt. Bereits im frühen 15. Jahrhundert gab es einen Vorläufer des Instruments, das im Laufe der Jahre immer wieder erweitert und umgebaut wurde. Im Barock galt die Orgel als schönste in ganz Norddeutschland. Hamburg hatte sich über die Zeit zum Mittelpunkt der Kirchenmusik entwickelt, bedeutende Komponisten wie Georg Philipp Telemann und Carl Philipp Emanuel Bach (denen beiden ein Museum in der Peterstraße gewidmet ist) waren als Musikdirektoren in der Stadt tätig. Berühmt ist ein Orgelkonzert, das Johann Sebastian Bach 1720 in der Katharinenkirche vor Honoratioren der Stadt gab. Bach konnte „die Schönheit und Verschiedenheit des Klanges dieser Rohrwerke nicht genug rühmen", überlieferte sein Zeitgenosse Johann Friedrich Agricola. Die Orgel, die über so viele Jahrhunderte hinweg den Klang in St. Katharinen bestimmt hatte, ging Juli 1943 im Bombenhagel verloren, nur ein Teil der Pfeifen konnte gerettet werden. Nach einigen unbefriedigenden Zwischenlösungen beschloss man, die Orgel mit den noch erhaltenen Pfeifen und anhand von Skizzen und Beschreibungen klanglich und optisch zu rekonstruieren. Eine nicht unumstrittene (und teure) Aufgabe, die inklusive Planung und Wiederaufbau fast zwanzig Jahre dauerte. Am 9. Juni 2013 wurde die Bachorgel eingeweiht, Fachleute loben ihren charaktervollen, satten Klang. In den Sommermonaten finden seither zahlreiche Konzerte des Hamburger Orgelsommers in St. Katharinen statt. Mittlerweile sind einige Konzerte, die hier aufgenommen wurden, auf CD erhältlich.

Rekonstruktion einer berühmten Orgel:
die Große Bachorgel in der St. Katharinen-Kirche

Zum Besuchen

Archäologisches Museum Hamburg
Museumsplatz 2, Tel.: 040-428713609, Di–So 10–17 Uhr
www.amh.de
Das sehenswerte Archäologische Museum der Stadt liegt in
Harburg (siehe auch Seite 161). Vor allem für Kinder gibt es
ein abwechslungsreiches Programm, bei dem Mitmachen ausdrücklich erwünscht ist. Die Erwachsenen erholen sich im
schönen, gläsernen Museumscafé Helms Lounge.

Hauptkirche St. Katharinen
Katharinenkirchhof 1, Mo–Fr 10–17 Uhr, Sa–So 11–17 Uhr
www.katharinen-hamburg.de
Führungen für Gruppen (auch Turmführungen) sind vorab im
Gemeindehaus anzumelden: Tel.: 040-30374730 oder E-Mail:
kontakt@katharinen-hamburg.de.

Zum Genießen

Direkt in der Innenstadt und am Bahnhof gibt es jede Menge
Restaurants für jeden Geschmack und jeden Geldbeutel,
darunter auch die Sterne-Restaurants Se7en Oceans am
Ballindamm und das Haerlin am Jungfernstieg. Bei der Katharinenkirche sind empfehlenswert:

Restaurant Brook
Bei den Mühren 91, Tel.: 040-37503128
Mo–Sa 12–15 Uhr, 18–22.30 Uhr
www.restaurant-brook.de, vorab reservieren
Restaurant genau gegenüber der Speicherstadt, angenehmes
Ambiente, sehr feine Küche, gute Weinkarte.

PURE Café

Grimm 15, Tel.: 040-30306858, Mo–Sa 9–17 Uhr
www.pure-hamburg.com
Café/Bistro in unmittelbarer Nachbarschaft zu St. Katharinen, im Sommer viele Tische draußen auf dem Kirchenvorplatz. Kleine Speisen, Kaffeespezialitäten und gute Franzbrötchen.

Das Schiff

Liegeplatz Nicolaifleet/Holzbrücke 2, Tel.: 040-69650580
www.theaterschiff.de
Eine Bühne auf dem Wasser: Das Theaterschiff bringt Kabarett, Kindermusical, Lesungen auf die Planken, äh, die Bretter, die die Welt bedeuten. Tolles, ungewöhnliches Theater mit einem einmaligen Ambiente.

Zum Nachkochen

FRANZBRÖTCHEN
AUS DEM EIGENEN OFEN

Woher das Franzbrötchen seinen Namen hat, ist nicht ganz sicher. Eine der Legenden besagt, dass Hamburger Bäcker während der französischen Besatzungszeit zwischen 1806 und 1814 versucht haben, Croissants nachzubacken. Franzbrötchen steht in diesem Fall also für „Franzosen-Brötchen". Sollte dies tatsächlich das Ziel gewesen sein, ist der Versuch allerdings gescheitert. Ein Franzbrötchen ist eher eine platt gedrückte Zimtrolle aus Plunderteig als ein Croissant. Eines aber ist klar: Das Franzbrötchen ist eine typische Hamburger Spezialität. Schon kurz hinter der Stadtgrenze ist das Gebäck zumindest unter diesem Namen kaum bekannt.

Wer zehn Hamburger fragt, wann ein Franzbrötchen so richtig gut ist, wird zehn verschiedene Antworten bekommen. Wie süß darf es sein? Wie zimtig? Wie teigig und wie fettig? Sind Rosinen, Schokolade und Sonnenblumenkerne darauf erlaubt oder geht das gar nicht? Nach meinem Rezept sind die Franzbrötchen etwas weniger süß, dafür etwas zimtiger. Und es ist verdammt viel Butter darin. Für ein so unscheinbares Gebäck ist die Zubereitung relativ (zeit)aufwendig, aber das Ergebnis lohnt sich! Das Wichtigste ist: kühlen, kühlen, kühlen! Nur so lässt sich die Butter gut in den Hefeteig einarbeiten und die Franzbrötchen werden schön flach und knusprig.

Zutaten (für ca. 12–15 Stück)

Für den Hefeteig:
500 g Mehl (Typ 550)
1 Würfel frische Hefe
50 g Zucker
250 ml Milch
70 g weiche Butter
1 Prise Salz
abgeriebene Schale einer
unbehandelten Zitrone

Außerdem:
200 g kalte Butter
200 g Zucker
2 Teelöffel Zimt
Wasser zum Bestreichen

Zubereitung

Mehl in eine Schüssel geben, eine Vertiefung bilden und die Hefe in kleinen Bröckchen hineingeben. Mit einem Teelöffel Zucker bestreuen. Etwas Milch darüber geben und mit etwas Mehl zu einem Vorteig verrühren. Etwa 15 Minuten an einem warmen Ort stehen lassen, dann mit den restlichen Zutaten zu einem glatten Teig verarbeiten. Etwa 30 Minuten im Kühlschrank ruhen lassen. Die kalte Butter zwischen zwei Lagen Klarsichtfolie auf eine Größe von etwa 20×20 cm ausrollen und 15 Minuten kalt stellen. Den Hefeteig auf einer bemehlten Fläche auf ungefähr die doppelte Größe ausrollen. Die Butter-

Etwas (zeit)aufwendig,
aber sehr lecker: Franzbrötchen
aus dem eigenen Ofen

platte diagonal auf den Hefeteig legen und dessen Ecken wie einen Briefumschlag so überschlagen, dass sich die Kanten leicht überlappen. Dieses Päckchen auf etwa 40 × 80 cm ausrollen. Von einer Querseite ein Drittel zur Mitte überschlagen, von der anderen Querseite das andere Drittel darüberlegen, sodass am Ende drei Lagen entstehen. Alles in Klarsichtfolie einpacken und für mindestens 20 Minuten kalt stellen. Das Teigpäckchen wieder auf einer bemehlten Fläche auf eine Größe von 40 × 80 cm ausrollen, wieder von den Seiten drittelweise überschlagen und kalt stellen. Diesen Vorgang noch einmal wiederholen. Die Teigplatte möglichst dünn auf einer bemehlten Fläche ausrollen und mit Wasser bestreichen. Zucker und Zimt verrühren und auf den Teig streuen. Den Teig von der Längsseite her aufrollen und in etwa 4 cm breite Abschnitte schneiden. Mit weitem Abstand auf ein Blech legen und mit dem bemehlten Stiel eines Kochlöffels die Mitte der Rollen parallel zur Schnittkante eindrücken. So entsteht die typische Franzbrötchenform. Mit einem sauberen Geschirrhandtuch abdecken und noch einmal für eine Viertelstunde gehen lassen. Im vorgeheizten Ofen bei etwa 180–200 °C 15–20 Minuten ausbacken und abkühlen lassen. Am besten schmecken die Franzbrötchen frisch und noch lauwarm aus dem Ofen.

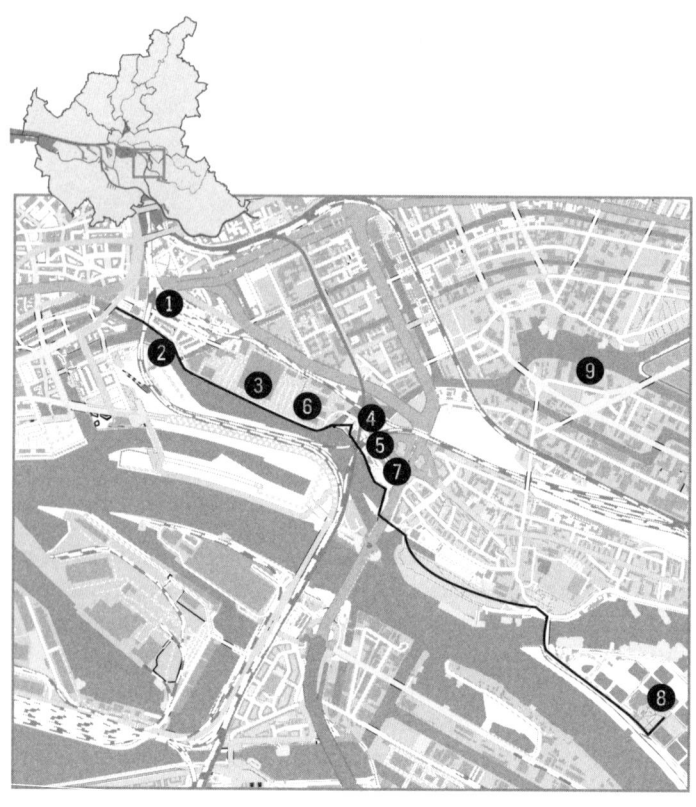

1   *Deichtorhallen*
2   *Oberhafenkantine*
3   *Großmarkthalle*
4   *Oldtimer Tankstelle Brandshof*
5   *Brandshof*
6   *Deutsches Zusatzstoffmuseum*
7   *Hamburger Wollfabrik, Geschäft*
8   *Wasserkunst Elbinsel Kaltehofe*
9   *Gedenkstätte Bullenhuser Damm*

Rothenburgsort

Hamburgs vergessener Stadtteil

Rothenburgsort gehört mit Sicherheit zu den Hamburger Stadtteilen, in die sich am seltensten Besucher verirren. Selbst viele Hamburger waren noch nie in dieser Ecke der Stadt. Aber mittlerweile tut sich etwas in der Gegend, die so nah an der Innenstadt liegt und sich doch so lange Zeit im Abseits befand. Auf geht's zu einer Fahrradtour in Hamburgs vergessenen Stadtteil.

Radeln de luxe: von der Innenstadt zur Wasserkunst Elbinsel Kaltehofe

Willkommen auf Hamburgs, ach was, vermutlich Deutschlands teuerstem Radweg! Von Zeit zu Zeit vergessen die Regierenden der Stadt die Sparsamkeit hanseatischer Kaufleute und prassen ein wenig; die Elbphilharmonie ist nur das bekannteste Beispiel. Der Radweg, der von der Innenstadt nach Rothenburgsort führt, hat über vier Millionen Euro gekostet, mussten für ihn doch Straßen umverlegt und eine Promenade neu gebaut werden. Ziemlich absurd, wenn man sich den Zustand anderer Radwege in der Stadt ansieht. Die Strecke verläuft die ganze Zeit an der Elbe entlang, vorbei an Handel und Industrie, an Hässlichem, Interessantem und

*Früher Ort des Handels,
heute Ort der Kunst:
die Deichtorhallen*

Skurrilem. Und nach circa viereinhalb Kilometern wartet völlig überraschend eine fast perfekte kleine Idylle auf Besucher.

Ich steige an der Oberbaumbrücke am nördlichen Ufer des Oberhafens in den Radweg ein und bleibe sofort wieder stehen. Von meinem Standpunkt aus habe ich den besten Blick auf die Deichtorhallen gleich neben der Oberbaumbrücke. Sie gehören zu den Topattraktionen in Hamburg. 1911 / 12 als Markthallen erbaut und noch bis 1984 für den Handel genutzt, beherbergen sie heute hochkarätige wechselnde Ausstellungen aktueller Kunst. Im südlichen Gebäude zeigt das Internationale Haus der Photographie regelmäßig Ausstellungen von der frühen Fotografie bis zu Arbeiten heutiger Künstler, die Modefotografie ist ein regelmäßig wiederkehrendes Thema. Auch die Bibliothek F. C. Gundlach ist in den Deichtorhallen zu Hause. Die lichten, hellen Hallen aus Stahl, Klinker und Glas sind ein Muss für Kunstfreunde. Tipp für alle Fotografen: An der südlichen Halle stellen Skulpturen an der Außenwand in Richtung Osten dar, womit in den Hallen früher gehandelt wurde: Obst, Fleisch, Fisch …

Auf meiner Radtour allerdings lasse ich die Deichtorhallen links liegen, fahre auf der Hochwasserschutzanlage in Richtung Osten und biege gleich hinter den Hallen auf

die Oberhafenbrücke ab. Auf der anderen Seite wende ich mich nach links und halte vor einem ebenso skurrilen wie berühmten Lokal an: der winzigen, unter eine Bahnüberführung gequetschten Oberhafenkantine. Windschief ist das Gebäude aus der Zeit des Expressionismus, von innen ebenso wie von außen, und so manche Landratte gewöhnt sich in ihm einen schaukelnden Seemannsgang an, um nicht aus dem Gleichgewicht zu geraten. Entstanden ist die Oberhafenkantine 1925 als Kaffeeklappe, also als Imbiss, für die Bauarbeiter am nahe gelegenen Chilehaus. In Hamburg geht die Legende um, dass die Klinkersteine, aus denen sie besteht, wohl eigentlich dort hätten verbaut werden sollen. Wenn ich Glück habe, rollt genau in diesem Moment ein Zug vorbei, mit deutlich gedrosselter Geschwindigkeit und so irrwitzig nahe an den Fenstern des ersten Stocks, als könne man die Waggons berühren, wenn man nur den Arm ausstreckte. Ein spektakuläres Fotomotiv, wenn man vom Vorplatz aus Häuschen und Brücke im Sucher hat.

Der Rückweg über die Brücke bietet einen tollen Blick auf den Fruchthof von 1910/11, an dem vorbei ich nun weiter auf der Hochwasserschutzanlage fahre und kurz darauf an die Hammerbrookschleuse komme. Das Kulturdenkmal wurde um 1840 erbaut, um die Tide auszugleichen und das dahinter liegende feuchte Marschland Hammerbrook zu erschließen. (An den Hochwasserschutzanlagen passiere ich den modernen Teil der Schleuse. Um die alte Schleuse besser sehen zu können, ist ein Abstecher auf die Banksstraße sinnvoll, dafür muss man ein paar Meter die Hochwasserschutzanlage zurückradeln, dann zweimal rechts, schon ist man da. Hinter dem Brückengeländer

Ein Drache belohnt den Abstecher in die Banksstraße.

über dem Mittelkanal hockt ein metallener Drache, Zeichen dafür, dass dieser Teil der Stadt früher zu St. Georg gehörte.) Direkt hinter der Schleuse beginnt der Großmarkt, und ich radele zunächst an unspektakulären Speditionen, Lagern und Parkplätzen für Lkws vorbei. Ein paar Hundert Meter weiter aber erscheint eine der bekanntesten Silhouetten der Hansestadt: die Großmarkthalle mit ihrem geschwungenen, wellenförmigen Dach. 1962 wurde die elegante Stahlbeton-konstruktion als zentraler Umschlagplatz für Obst, Gemüse und Blumen eingeweiht und war lange nur für Marktbeschi-cker oder andere Händler zugänglich. Das hat sich mittler-weile geändert. Auch Otto Normalbürger kann heute einen Blick in das Innere der Hallen werfen, hat hier doch seit März 2015 das mehr! Theater seinen Sitz. Ob Hamburg tatsächlich eine weitere Aufführungsstätte für Musicals brauchte, ist umstritten, aber die meisten Hamburger nehmen's gelassen: Ist halt was für die Touristen. Ins Musical geht der Hanseat ohnehin nicht, es sei denn, sein Gast besteht darauf. Der Großmarkt dient zudem regelmäßig als Veranstaltungsort für Events wie etwa die Harley Days. „Auch nix für mich", denkt sich der gemeine Hamburger und hat das Gelände immer noch nicht besucht …

Der Radweg bringt mich indessen zur nächsten Schleuse: die Brandshofer Schleuse an der Mündung der Bille in den Oberhafen. Wie anders der Hafen in dieser Ecke ist! Hier ist nichts zu sehen von der trubeligen Touristenattraktion, die sich an den Landungsbrücken zeigt. Vom geschäftigen Hin und Her im Containerhafen in Waltershof. Von den glitzernden Fassaden der Hafencity. Ein alter Verladekran erinnert daran, dass dieser Bereich einst wichtig war für die Binnenschiff-fahrt, heute rostet er friedlich vor sich hin. Allerdings gibt es Pläne, die Gegend am Billhafen „aufzuwerten". Eine Formu-lierung, die die wenigen Anwohner alarmiert, sie befürchten eine massive Gentrifizierung mit allen negativen Folgen.

*Juwel aus den 1950er-Jahren: die Oldtimer-Tankstelle
am Billhorner Röhrendamm*

An der Stelle, an der sich die Bahnbrücken über meinem
Kopf endgültig zu einem Gewirr verknoten, biege ich nach links
ab. Gleich am Ende des Radwegs stoße ich auf eine Tankstelle.
Das ist in einer Gegend, die von Lagern und Logistikunternehmen
geprägt ist, vielleicht nicht sehr überraschend. Diese hier
am Billhorner Röhrendamm ist aber etwas Besonderes. 1954 an
der damals viel befahrenen Straße eröffnet, lag sie nach einer
veränderten Verkehrsführung plötzlich im Abseits und wurde
vergessen. Bis sie 2010 unter Denkmalschutz gestellt wurde,
und Oldtimer-Enthusiasten sich daran machten, sie möglichst
originalgetreu zu restaurieren. Heute ist die alte Tankstelle
ein Schmuckstück, das mit detailverliebter Inneneinrichtung,
Jukebox, gewölbten Fenstern und rot-weißen Gasolin-Zapfsäulen
vor der Tür an die 1950er-Jahre erinnert. Jedes Wochenende
finden hier Oldtimer-Treffen statt, und stolze Opel-, Ford-
oder VW-Besitzer zeigen ihre alten, gepflegten Schätzchen.
Auch so mancher amerikanische Schlitten ist dann zu sehen,
die Fahrer mit Elvis-Tolle und mit einer Begleitung im Petticoat-Kleid.
Nur Benzin, das wird derzeit an der Tankstelle
noch nicht verkauft, das soll aber noch kommen.

Im Gastraum der Tankstelle komme ich ins Gespräch mit Marc van den Broek, Konzeptkünstler und Maler aus Belgien, der gleich nebenan im Brandshof (Billhorner Röhrendamm 16) einen Präsentationsraum für seine Werke hat. Nach vielen Jahren in New York hat er 2008 ausgerechnet in dieser abgelegenen Ecke ein leerstehendes Lagerhaus gekauft und aufwendig saniert. Warum gerade Rothenburgsort? Die Gegend erinnere ihn an Brooklyn, sagt er. Nur sauberer sei es hier, fügt er lachend hinzu und lädt mich in seinen Showroom ein. Mechanisch-optische Konstruktionen mit viel Messing, Fluggeräte wie von Leonardo da Vinci geschaffen, Entwürfe von realisierten und nicht realisierten Großskulpturen – van den Broeks von der Renaissance beeinflusste Skulpturen sind eine Verbindung aus Kunst und einer fremden, komplexen Technik. Ein weiteres seiner Kunstwerke steht gleich vor der Tür: der auf Paletten montierte, üppig blühende *Nomadengarten*. Ein flexibler, mobiler Garten, der etwas Grün in diese betonreiche Gegend zaubert. Und ich darf den Keller besichtigen, in dem der Künstler faszinierende ehemalige Reifungskammern für Bananen in Lagerräume umgewandelt hat – mit einem stets gleichbleibenden Klima und jeder Menge Sicherheitseinrichtungen speziell für Kunstwerke perfekt geeignet. Marc van den Broek öffnet seine Räume gern nach Voranmeldung für Besuchergruppen. *(www.marcvandenbroek.de)*

Ich verabschiede mich und fahre auf dem Billhorner Röhrendamm bis zum Großmarkt, an der Schranke vorbei und folge der Ausschilderung zum Deutschen Zusatzstoffmuseum, eines der unbekanntesten Museen der Stadt. Dabei ist es ein interessantes Gruselkabinett für alle, die sich gern gesund und naturbelassen ernähren wollen. Welche Zusatzstoffe sind in unserem Essen enthalten? Welche müssen gekennzeichnet werden und – mindestens ebenso interessant – welche nicht? Die Räume sind gestaltet wie ein Supermarkt, durch den ich vorbei an Milchprodukten und Dosensuppen schlendere und mich durch die Informationen lese. Macht Süßstoff dick? Wie wirken Geschmacksverstärker? Woher kommt das Bananenaroma? Schnell wird klar, warum Zusatzstoffe bei den Inhaltsangaben im Kleingedruckten versteckt werden und warum die Nahrungsmittelindustrie alles tut, um neue Stoffe zu entwickeln, die nicht deklariert werden müssen. Museumspädagogisch ist das Haus vielleicht nicht auf dem neuesten Stand, das macht seine Botschaft aber nicht weniger spannend.

Den skurrilsten Ort dieses Abschnitts meiner Radtour hebe ich mir für den Schluss auf. In diesem abgelegenen und teilweise etwas heruntergekommenen Teil Hamburgs erwartet man alles Mögliche, aber kein Wollgeschäft. Genau das jedoch ist ausgerechnet hier zu finden. Die am Brandshofer Deich ansässige Hamburger Wollfabrik hat einen kleinen Laden eingerichtet, in dem sie Wolle aus der eigenen Produktion verkauft. Und trotz der abseitigen Lage läuft das Geschäft gut, denn es bietet einen besonderen Service: Der Käufer – oder meist doch eher die Käuferin – kann sich sein eigenes Garn zusammenstellen. Schwarz-grün meliert? Seide-Kaschmir-Wolle-Gemisch? Ganz fein oder doch eher Grobstrick? Alles kein Problem, alles machbar. Vor Ort spulen die freundlichen Damen die Wunschwolle auf Konen. Und jeder kann zuschauen, das macht einen Besuch in dem Laden auch für Nichtstricker interessant.

Ich kehre auf den Radweg auf der Hochwasserschutzanlage zurück, fahre in Richtung Osten, vorbei an dem alten Kontorgebäude und nach rechts unter der Brücke der viel befahrenen Billhorner Brückenstraße hindurch, radele gleich dahinter rechts über die Fußgänger- und Fahrradbrücke und lande im Grün des Entenwerder Parks. Er bietet schöne Blicke auf die Elbbrücken sowie auf das gegenüberliegende Ufer mit dem Industriegebiet im Peutehafen. Das Ziel meiner Radtour liegt aber noch hinter dem Park. Ich radele daher weiter in Richtung Osten, bis sich am anderen Ende des Parks das große

Naturpark, Industriedenkmal und Museum in einem:
die Wasserkunst Elbinsel Kaltehofe

Sperrwerk Billwerder Bucht aufbaut. Auf dessen anderer Seite erreiche ich dann die Wasserkunst Elbinsel Kaltehofe. „Kunst" kommt von „Können", vom Können der Ingenieure, denn dieses Areal diente der Versorgung der Stadt mit sauberem Trinkwasser. Über die Qualität des Hamburger Wassers waren im 19. Jahrhundert schon Spottlieder (den Text des Liedes *Vom Tier im Hamburger Wasserrohr* finden Sie auf Seite 37) in den Straßen gesungen worden. Zwar war die rund einen Quadratkilometer große Filtrationsanlage auf der Elbinsel schon in Bau, als die Cholera 1892 in Hamburg ausbrach, aber die Seuche mit über achteinhalbtausend Opfern erhöhte den Druck auf die Verantwortlichen. Im Mai 1893 wurde Kaltehofe mit den sechsundzwanzig Filterbecken endlich in Betrieb genommen. Direkt vor Ort nahmen Angestellte des Hygienischen Instituts ständig Proben und kontrollierten sie im angeschlossenen Labor in der 1894 fertiggestellten Villa auf dem Gelände. Erst 1989 wurde das alte Wasserwerk endgültig geschlossen, heute ist es Naturpark, Industriedenkmal und Museum in einem. In die Villa ist 2011 eine sehenswerte Ausstellung eingezogen, die die Geschichte der Wasserversorgung in Hamburg, die Filterverfahren, Analysemethoden und mehr zeigt. Im Neubau hinter der alten Villa werden Modelle von Brunnen aus Hamburg mit ihrer Bedeutung und Geschichte präsentiert. Beschaulich wird es in den Außenanlagen. Ein Teil der Filtrationsbecken wurde komplett der Natur überlassen und ist nicht zugänglich. Zahlreiche Tiere und Pflanzen, darunter viele gefährdete Arten, haben das Gebiet für sich erobert. Andere Becken dienen dazu, die ehemalige Funktion des Wasserwerks zu demonstrieren. Insbesondere das optische Zusammenspiel der Wasserflächen mit den kleinen Schieberhäuschen macht diesen Teil der Insel reizvoll. Perfekt ist die Idylle allerdings nicht: Im Hintergrund erinnert mich das riesige Kraftwerk Tiefstack daran, dass ich mich in einem industriell geprägten Teil der Stadt befinde. Doch diese Nähe von Grün und Grau, von Schön und Hässlich ist man in Hamburg ja gewöhnt.

Vom Tier im Hamburger Wasserrohr

Vom Tier im Hamburger Wasserrohr
da kommen 16 Arten vor:
ein Neunaug, Stichling und ein Aal,
drei Würmer leben in dem Strahl,
drei Muscheln und drei träge Schnecken
sich mit der muntern Assel necken.
Ein Schwamm, ein Moostier, ein Polyp,
die dringen lustig durch das Sieb.
An toten Tieren kommen raus
der Hund, die Katze und die Maus.
Noch nicht gefunden sind, Malheur,
der Architekt und Ingenieur!
Unbekannter Verfasser

Der Kindermord:
Gedenkstätte Bullenhuser Damm

Der Horror, der in der KZ-Gedenkstätte Neuengamme (das ab Seite 152 genauer vorgestellt wird) dokumentiert ist, führt zu stummer Fassungslosigkeit. Ebenso erschütternd ist das Verbrechen, das am Bullenhuser Damm 92 in den letzten Tagen des Zweiten Weltkriegs begangen wurde. Am 20. April 1945 wurden in der ehemaligen Schule zwanzig Kinder zwischen fünf und zwölf Jahren, vier KZ-Gefangene und mindestens vierundzwanzig sowjetische Kriegsgefangene von SS-Angehörigen ermordet.

Die Kinder kamen aus Polen, Jugoslawien, Frankreich, den Niederlanden und Italien. Sie alle waren Juden, von den Nazis mit ihren Familien in das Konzentrationslager Auschwitz verschleppt, dort von ihren Eltern getrennt und für Menschenversuche ausgewählt worden. Dr. Kurt Heißmann, NS-Lagerarzt im Konzentrationslager Neuengamme, hatte bereits an erwachsenen Gefangenen Versuche mit Tuberkulosebakterien vorgenommen und in Auschwitz zehn Jungen und zehn Mädchen „angefordert", um sie in seine Versuchsreihe einzubeziehen. Im November 1944 wurden die zwanzig Kinder nach Neuengamme gebracht. Von den vier Frauen, die sie auf ihrer Fahrt begleitet hatten, wurden drei kurz nach ihrer Ankunft in Hamburg ermordet. In Neuengamme betreuten vier KZ-Gefangene, Prof. Gabriel Florence und Dr. René Quenouille, zwei Ärzte und Widerstandskämpfer aus Frankreich, und die Niederländer Dirk Deutekom und Anton Hölzel, die ebenfalls beide im Widerstand aktiv gewesen waren, die Kinder.

Denkmal für die am Bullenhuser Damm
ermordeten sowjetischen Kriegsgefangenen

Kurz nachdem Heißmann die Versuche an den Kindern begonnen hatte, erkrankten diese an Tbc. Die wenigen Fotos der Opfer aus dieser Zeit zeigen kleine, verschreckte Gesichtchen mit verzweifelten Augen. Es sind Bilder, die den Betrachter nicht wieder loslassen.

Kurz vor Kriegsende versuchten die Nationalsozialisten, die Spuren ihrer Verbrechen zu verwischen, so auch die besonders grausamen Versuche an den Kindern. Die Schule am Bullenhuser Damm war nach den Bombenangriffen 1943 geschlossen worden. Zwar war das Gebäude selbst weitgehend unbeschädigt geblieben, an einen Unterricht zwischen den Ruinen war aber nicht zu denken – Rothenburgsort war nahezu vollständig vernichtet worden. Im November 1944 übernahm die SS die Schule und richtete darin eine Außenstelle des KZs Neuengamme ein. Die Häftlinge, die hier zunächst interniert waren, mussten Aufräumarbeiten leisten und Ziegel aus den umliegenden zerstörten Häusern aufarbeiten. Doch mit Näherkommen der britischen Armee wurde dieses KZ-Außenlager im April 1945 wieder aufgegeben. Das Gebäude stand also leer, als aus Berlin der Befehl kam, die Kinder und Zeugen der Verbrechen an ihnen zu töten.

Am 20. April 1945 brachten vier SS-Angehörige die zwanzig Kinder, ihre vier Betreuer und sechs sowjetische Gefangene von Neuengamme an den Bullenhuser Damm. Zuerst, so sagten die Täter später aus, wurden die Erwachsenen im Heizungskeller erhängt, dann die Kinder, die mit einer Morphiumspritze ruhiggestellt worden waren. Etwas später wurde an gleicher Stelle eine weitere Gruppe sowjetischer Kriegsgefangener aus einer anderen KZ-Außenstelle ermordet. Die Namen der Soldaten und der Grund für ihre Ermordung sind bis heute ungeklärt.

Im Keller der Schule, in dem das Unfassbare geschah, ist eine Gedenkstätte für die Opfer eingerichtet, in der ihr kurzer Lebensweg, ihr Leiden und die lange Suche ihrer Angehörigen nach ihren kleinen Söhnen und Töchtern, Nichten und Neffen, Cousins und Cousinen dokumentiert sind. Einige der Kinder sind bis heute nicht eindeutig identifiziert, aber das Bemühen darum geht weiter. Erst im September 2015 konnten der Name und die Herkunft eines Jungen nach siebzig Jahren geklärt werden. Hinter dem Haus befinden sich ein Denkmal für die unbekannten sowjetischen Soldaten und ein Rosengarten als Ort der Besinnung, in dem für jedes der Kinder und für jeden ihrer Betreuer eine Gedenktafel steht. Besucher können hier eine Rose pflanzen. Dass der Kindermord nicht vergessen wurde, ist das Verdienst der Vereinigung Kinder vom Bullenhuser Damm e. V.

Zum Besuchen

Deichtorhallen
Halle für aktuelle Kunst, Haus der Photographie
Deichtorstraße 1–2, Tel.: 040-32103200
Di–So 11–18 Uhr, jeden 1. Do im Monat 11–21 Uhr
www.deichtorhallen.de
Renommiertes Museum für moderne Kunst und Fotografie, viele wechselnde Ausstellungen.

Deutsches Zusatzstoffmuseum
Großmarkt, Tel.: 040-32027757
Mi 11–17 Uhr, Do 14–20 Uhr, Fr–So 11–17 Uhr
www.zusatzstoffmuseum.de
Was ist drin in unserem Essen? Woher kommt der Geschmack? Ein Besuch im Museum lohnt sich vor allem für Menschen, die sich bewusst ernähren wollen.

Gedenkstätte Bullenhuser Damm

Bullenhuser Damm 92–94, Tel.: 040-85187926
So 10–17 Uhr
www.kinder-vom-bullenhuser-damm.de
In der Gedenkstätte mitten in einem Gewerbegebiet wird der Opfer der Verbrechen vom 20. April 1945 gedacht.

Hamburger Wollfabrik

Ladengeschäft, Brandshofer Deich 52, Tel.: 040-787845
Mo–Fr 10–17 Uhr, Sa 10–13 Uhr
www.hamburger-wollfabrik.de
Wolle ohne Ende. Wer strickt, häkelt oder aus welchem Grund auch immer Wolle braucht: auf zum Brandshofer Deich. Ein besonderes Erlebnis sind übrigens die Fabrikverkäufe, die zweimal im Jahr stattfinden und Wollverrückte aus ganz Norddeutschland in die dann offenen Lagerhallen locken. Termine werden auf der Website angekündigt.

Wasserkunst Elbinsel Kaltehofe

Kaltehofe Hauptdeich 6–7, Tel.: 040-788849990
März–Okt. Di–So 10–18 Uhr, Nov.-Feb. Di–So 10–17 Uhr
www.wasserkunst-hamburg.de
Interessantes Museum über die Entwicklung der Wasserversorgung in der Hansestadt, schöne Ausstellung über die Brunnenkunst in Hamburg.

Café Entenwerder 1

Entenwerder 1, Tel.: 040-70293588
Mo–Fr 12–22 Uhr, Sa 10–22 Uhr, So 10–18 Uhr
Café auf einem Ponton mitten in der Elbe im Süden des Entenwerder Parks, durch den goldenen Pavillon nicht zu übersehen. Leckerer, handgerösteter Kaffee von Public Coffee Roasters. Kaffee und Kuchen besorgt man sich am Ausschank (ein umgebauter Container), genossen wird am Wasser mit Blick auf den Industriehafen am anderen Ufer. Geduld ist aber erforderlich, die Schlange zum Bestellen ist lang.

Café Kaltehofe

Kaltehofe Hauptdeich 6–7, Tel.: 040-788849992
März–Okt. Di–So 10–18 Uhr, Nov.-Feb. Di–So 10–17 Uhr
www.wasserkunst-hamburg.de
Café in der alten Villa des Wasserwerks auf der Elbinsel mit schönem Blick auf die Becken und Schieberhäuschen.

Oberhafenkantine

Stockmeyerstraße 39, Tel.: 040-32809984
Di 17–22 Uhr, Mi–Sa 12–22 Uhr, So 12–17.30 Uhr
www.oberhafenkantine-hamburg.de
In dem schrägen Haus gibt es leckeres Essen, unter anderem echte Hamburger Weißwürste, in denen etwas Fisch enthalten ist und die es sogar schon länger als die Münchner Weißwürste geben soll.

Oldtimer Tankstelle Brandshof

Billhorner Röhrendamm 4, Tel.: 040-782564, Mo–Fr 4–18 Uhr,
Sa–So 11–17 Uhr, www.tankstelle-brandshof.de
Kaffee und Snacks ab 4 Uhr morgens, dazu echtes 1950er-Jahre-Feeling – die Oldtimer Tankstelle ist selbst schon fast Kult.

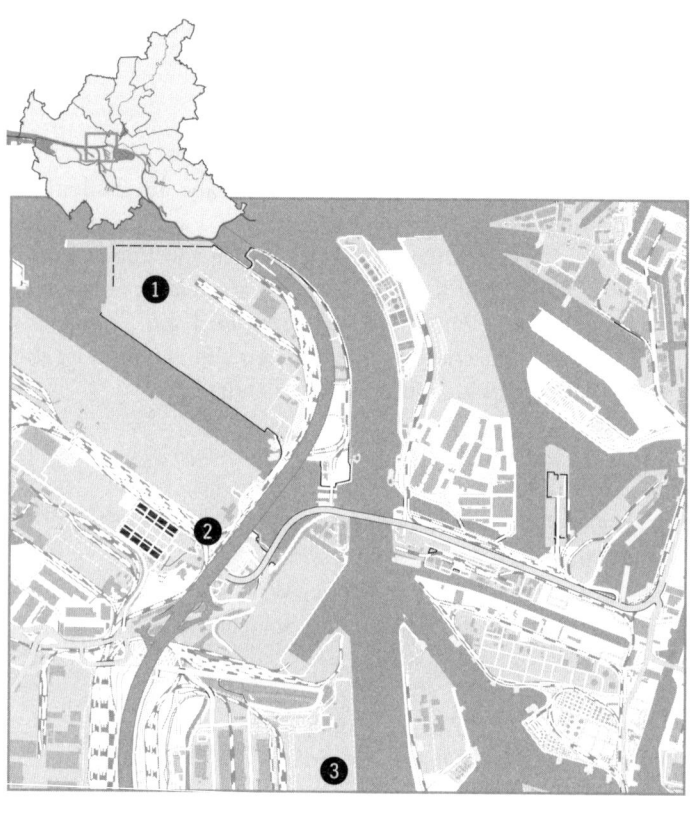

1 *Athabaskakai*
2 *International Seamen's Club Duckdalben*
3 *Containerterminal Altenwerder*

*Hafenrundfahrt
mal anders*

Quer durch den Containerterminal

Sobald es das Wetter erlaubt, ist ganz Hamburg draußen in der Sonne und am Wasser. Besonders beliebt (und entsprechend voll) ist der Elbstrand hinter dem Museumshafen in Övelgönne mit Aussicht auf den gegenüberliegenden Containerhafen. So mancher Tourist am Strand kann seine Enttäuschung nicht verbergen. „Schön ist es da drüben ja nicht gerade!" Die Hamburger aber lieben diesen Blick auf die dicken Pötte, die vorbeischippern, auf die riesige Terminalanlage, an der die Schiffe be- und entladen werden, auf die Container und die Transporter, mit denen sie vom Kai weggebracht werden. Sie holen sich an der Bar Strandperle ein Bier oder eine Apfelschorle, setzen sich in den Sand und schauen sehnsüchtig hinüber zum anderen Ufer, wo fast immer mindestens ein Frachter am Kai liegt. Und so mancher, der das „Klong-Klong" der Arbeiten hört und dabei an seinem Bier nippt, fragt sich: „Wie machen die das eigentlich genau?"

Hamburg-Waltershof, Containerterminal Burchardkai. Das Geleitfahrzeug führt unseren Reisebus ganz nah ran an die Containerbrücken am Athabaskakai, einem Teil des Burchardkais. Hier hat einer der riesigen Containerfrachter mit über dreihundert Metern Länge festgemacht und wird gerade gelöscht, also entladen. Mithilfe der Laufkatzen an den Kränen werden

Container von dem riesigen Frachter am Kai gehoben und genau zwischen den Markierungen auf dem Boden abgestellt. Dort überprüft der sogenannte Checker die Kennung der Stahlbox, gleicht sie mit seiner Ladeliste ab und gibt die Lieferung für den Weitertransport mit einem Portalhubwagen frei. Einer der großen und mit seinem hohen Rahmen ungelenk wirkenden Van-Carrier, wie die Transportfahrzeuge genannt werden, rollt heran und hält über dem Container. Von wegen ungelenk, die Position passt exakt! Der Topspreader, die Hebevorrichtung, senkt sich herab, die Verriegelung an den Ecken greift. Und schon schwebt er zwischen den staksigen Beinen des vierzehn Meter hohen Wagens davon, der Behälter, mit dem vielleicht Turnschuhe, Bananen oder Smartphones nach Hamburg kommen.

Unser Bus steht genau gegenüber dem Elbstrand in Övelgönne, mit Blick auf den Strand und den Fähranleger. Für die meisten Menschen ist dies eine seltene Perspektive auf die Stadt. Wer nicht gerade im Hafen arbeitet oder mit seinem Lkw Fracht liefert und abholt, hat normalerweise keinen Zutritt zu diesem Gelände. Der Hamburger Hafen

Blick auf den Containerterminal am Burchardkai
vom gegenüberliegenden Elbstrand aus

ist ein Hochsicherheitsgebiet, seit nach den Anschlägen vom 11. September 2001 weltweit die Sicherheitsbestimmungen verschärft wurden. Wer herein will, braucht eine Sondergenehmigung. Wir (beziehungsweise das Busunternehmen Jasper) haben eine – von der HHLA (Hamburger Hafen und Logistik Aktiengesellschaft), die ihre Terminals am Burchardkai und in Altenwerder für Besucher öffnet.

Die Bustour startet in der Hafencity am U-Bahnhof Überseequartier und führt eine kurze Strecke durch die alte Speicherstadt, vorbei an den alten Lagerhäusern und den neuen Agenturbüros, am Hamburg Dungeon und dem berühmten und wirklich schön gemachten Miniatur Wunderland entlang. Auf dem Weg zur Freihafenelbbrücke drehen wir noch eine weitere kleine Runde durch die Hafencity mit der Elbphilharmonie, dem Marco-Polo-Turm und der Hafencity-Universität, ehe wir die Norderelbe überqueren und das Gelände des Hafenmuseums im historischen, denkmalgeschützten Lagerschuppen 50 A ansteuern. Bevor der weltweite Schiffsverkehr auf Container umgestellt wurde, wurden in solchen Schuppen die Ladungen gelagert, gemessen und für den Weitertransport sortiert. Auf dieser Bustour passieren wir die Gebäude nur und halten nicht an, aber wer Zeit hat, sollte sich das Hafenmuseum unbedingt genauer ansehen.

Spätestens jetzt heißt es „Kameras raus!", denn auf unserem Weg nach Waltershof fahren wir über eines der Wahrzeichen der Stadt: die Köhlbrandbrücke. Mit einer Gesamtlänge von insgesamt fast vier Kilometern, einer Breite von über siebzehn Metern und einer Höhe von vierundfünfzig Metern überspannt sie seit 1974 die Süderelbe und verbindet so den östlichen und westlichen Hafenteil miteinander. Vom Scheitelpunkt aus bieten sich großartige Blicke auf das Gelände des Schüttguthafens im Süden, auf die Stadt im Norden und auf die Stelle, an der Norder- und Süderelbe zusammenfließen. Nach über vierzig Jahren im Einsatz ist die Brücke mittlerweile zu niedrig für die riesigen, modernen Containerschiffe, die nur noch bei Ebbe unter ihr durchfahren können, um den südlich gelegenen Terminal in Altenwerder zu erreichen. Bis 2030 soll die Köhlbrandbrücke daher von einer neuen, höheren Brücke ersetzt werden. Die Stadtsilhouette ohne die elegante Schrägseilbrücke im Hintergrund? Für die Hansestädter kaum vorstellbar.

Hinter der Köhlbrandbrücke erreichen wir dann das erste eigentliche Ziel unserer Bustour, den Burchardkai an der Norderelbe, den größten Terminal im Hamburger Hafen. An der abgesperrten Einfahrt bekommen wir eine Eskorte, ein Wagen des Sicherheitsdiensts begleitet uns über das Gelände, vorbei an den Lagerplätzen für die Container, die hier für den Weitertransport mit Schiff, Lkw oder Zug gestapelt sind, und vorbei an den Parkplätzen für die Lastwagen, die auf ihre Ladung warten. In einer der vorbeiziehenden Hallen stellt die HHLA Container für Kunden zusammen, deren Lieferung keine ganze Stahlbox füllt. In einem anderen Gebäude hat der Zoll seinen Sitz.

Ein Van-Carrier rollt mit einer weißen Transportbox an uns vorbei. Während es sonst überall bunt zugeht und Stahlboxen in allen möglichen Farben durch- und übereinander stehen, lagern alle weißen Container an einem Platz. „Das sind die Kühlcontainer", erläutert unser Guide. „Die müssen schnellstmöglich wieder an den Strom angeschlossen werden." Auf uns Fahrgäste stürmt eine ganze Flut an Informationen ein. Wann wurde der erste Container verschifft, und weshalb hat diese Erfindung den Hafen komplett umgekrempelt? Welche Daten stecken in dem Code, der auf den Containern angebracht ist? Was ist ein TEU, und warum ist dies die wichtigste Maßeinheit im internationalen Speditionsgeschäft? Was kostet es, eine Flasche australischen Wein nach Europa zu bringen, und was hat das mit dem Verfall der Frachtraten zu tun? Schnell wird klar, dass das gesamte Hafengelände ein riesiges Umschlaglager ist, perfekt darauf ausgerichtet, die ankommenden Container so schnell wie nur möglich auf andere Schiffe, auf Lkws oder auf die Bahn umzuverteilen. Denn ein großer Teil der Waren wird mit der Bahn hierher oder von hier weg transportiert: Das Gleisnetz der Hamburger Hafenbahn ist dreihundert Kilometer lang und damit Europas größter Eisenbahnhafen.

Alles ist auf Geschwindigkeit getrimmt. Solange die Containerriesen im Hafen liegen, verdienen sie kein Geld. Eine der Folgen: Die Seemänner an Bord der Schiffe haben kaum mehr Zeit, die Hafenstädte, in denen sie anlegen, zu besuchen. Wie groß die Fläche ist, die der Hamburger Hafen einnimmt, wird einem erst klar, wenn man durch ihn hindurchfährt: einundsiebzig Quadratkilometer! Keine Chance, in den wenigen Stunden, die es braucht, ein modernes Frachtschiff zu ent- und beladen, ohne Stress in die Innenstadt und wieder zurück zu kommen. Zumal ein Frachter zur festgelegten Zeit garantiert ablegt, auch wenn sich ein Besatzungsmitglied verspäten sollte. Für einen Seemann, von dessen magerer Heuer in der fernen Heimat oft die ganze Familie abhängt, bedeutet das eine Katastrophe.

Endlich mal runter von Bord, festen Boden unter den Füßen spüren und andere Leute sehen als immer nur die Kollegen: Das ist wichtig für die Männer und Frauen auf den Schiffen. Mitten im Hafen, in der Nähe der Köhlbrandbrücke finden die Seeleute daher ein gastfreundliches Haus, das ganz auf ihre Bedürfnisse zugeschnitten ist und das auch wir jetzt ansteuern. Der International Seamen's Club Duckdalben, 2011 ausgezeichnet als bester Seemannsclub der Welt, will ein Stück Heimat in der Ferne bieten. Im Duckdalben gibt es nicht nur einen kleinen Shop, in dem alltägliche Dinge eingekauft werden können, sondern auch die Möglichkeit, preiswert mit der Familie zu telefonieren oder zu skypen, ein wenig Sport zu treiben oder einfach mit anderen Menschen zusammenzusitzen und ein Bier oder einen Kaffee zu trinken. Im Gastraum hängen unter der Decke jede Menge Rettungsringe – Geschenke von dankbaren Bootsbesatzungen. Im Obergeschoss ist ein wunderbarer Raum der Weltreligionen eingerichtet, in dem Gläubige aller großen

Ein gastfreundliches Haus für Seeleute aus aller Welt und andere Besucher: der International Seamen's Club Duckdalben

Religionen – Hindus, Buddhisten, Moslems, Juden und Christen – alles finden, um nebeneinander in den verschiedenen Gebetsecken beten zu können. Und damit die Matrosen ihre Schiffe nicht verpassen, gibt es eigene Shuttle-Kleinbusse, die sie abholen und pünktlich wieder an der Kaimauer abliefern. Das größte Wunder aber ist wohl der Garten des Seemannsclubs. Rundherum ist nichts zu sehen außer Beton, Stahl und Asphalt, hier aber wachsen Pflanzen, gibt es Blumen, Rasen, Hecken und Bäume. Für die Männer und Frauen, die im Duckdalben Rast machen, oft das erste Grün seit Wochen. Die Stimmung ist offen, herzlich und kommunikativ in diesem Haus, auch gegenüber Besuchern wie uns. Gut gelaunte Seemänner von den Philippinen laden uns zum Karaoke ein, was wir aber – leider, leider – aus Zeitgründen ablehnen müssen.

Nach einer Dreiviertelstunde geht es weiter zum nächsten Highlight der Rundtour: dem Containerhafen in Altenwerder. Nun heißt es „Kameras einpacken" – hier ist Fotografieren verboten. Dafür kommen wir noch näher ran an das gigantische Containerschiff, das gerade vor Anker liegt. Altenwerder ist ein Terminal der Superlative: die Kailänge beträgt eintausendvierhundert Meter, fünfzehn Containerbrücken arbeiten hier, vier Schiffe können gleichzeitig abgefertigt werden. Zum Kai gehört ein Verladebahnhof mit sieben Gleisen von je siebenhundert Metern – das ist der größte Bahnterminal Deutschlands. Menschen hingegen sind fast keine zu sehen. Der Terminal in Altenwerder gilt als der modernste Containerterminal der Welt, fast alle Arbeitsabläufe werden komplett automatisch gesteuert. Nur das Entladen direkt von Bord und der Abgleich zwischen Container Code und Ladeliste werden noch von Hand erledigt. Die Transportwagen, die Automated Guided Vehicle (AGV), erhalten computergesteuert die Koordinaten für ihren jeweiligen Container, fahren selbsttätig in Position und bringen die Transportbox anschließend mithilfe von Transpondern im Boden exakt an die vorgesehene Lagerstätte in den Blocklagern. Am meisten faszinieren mich die Containerzwischenlager mit den gedoppelten, unabhängig voneinander arbeitenden Portalkränen. Computergesteuert werden hier die Container bis zu fünfmal umgeschichtet, bis am Ende jede Transportbox zum festgelegten Zeitpunkt am festgelegten Ort für den Weitertransport bereitsteht. Der entscheidende Vorteil an diesen Blocklagern ist ihr geringer Platzbedarf. Raum ist knapp und teuer im Hafen, je kompakter die Container gestellt werden können, desto besser.

Altenwerder ist die letzte Station auf unserer Rundfahrt. Über die Köhlbrandbrücke geht es nach gut drei Stunden zurück in die Innenstadt.

Rundfahrt Auge in Auge mit den Giganten
Jasper Rund- und Gesellschaftsfahrten
Tel.: 040-227106-10, www.jasper.de
Unbedingt erforderlich sind eine (frühzeitige) Vorabbuchung sowie ein gültiger Reisepass oder Personalausweis. Ohne Ausweisdokumente nehmen die Fahrer niemanden mit, da kennen sie auch kein Erbarmen. Um gute Plätze im Bus zu bekommen, sollten Sie spätestens eine halbe Stunde vor Abfahrt vor Ort

sein. Die gefahrene Strecke kann von Tour zu Tour abweichen, je nachdem, welche Schiffe gerade an den Terminals liegen. Informieren Sie sich rechtzeitig über den Abfahrtsort.

Zum Genießen

Heimat Küche + Bar

Überseeallee 5, Tel.: 040-257777840, täglich 12–24 Uhr (Küche bis 22.30 Uhr), www.25hours-hotels.com
Das „Heimat" ist das Café und Restaurant des 25h Hotels in der Hafencity und überzeugt mit einer gemütlichen Wohnzimmeratmosphäre: Nischen im Fenster, dicke Teppiche auf dem Boden, niedrige Tische. Donnerstags legen DJs auf, freitags gibt's Livemusik.

International Seamen's Club Duckdalben

Zellmannstraße 16, Tel.: 040-7401661, täglich 10–22.30 Uhr
Eines der ungewöhnlichsten Lokale in ganz Hamburg. Der herrlich maritime und wirklich authentische Seemannsclub der Seemannsmission mitten im Hafen steht nicht nur den Matrosen der anliegenden Schiffe offen, sondern jedem Besucher.

Klein und Kaiserlich Kaffeehaus

Kaiserkai 26, Tel.: 040-36122480, Mo–Sa 10–18 Uhr
Kleines Café in der Hafencity mit österreichischen Speisen und Kaffeespezialitäten auf der Karte. Leckerer, hausgemachter Kuchen.

MS Stubnitz

Kirchenpauerkai 29, ms.stubnitz.com
Ehemaliges Kühlschiff, das heute im Hafen als Veranstaltungslocation für Konzerte, Theater, Comedy und Ausstellungen genutzt wird.

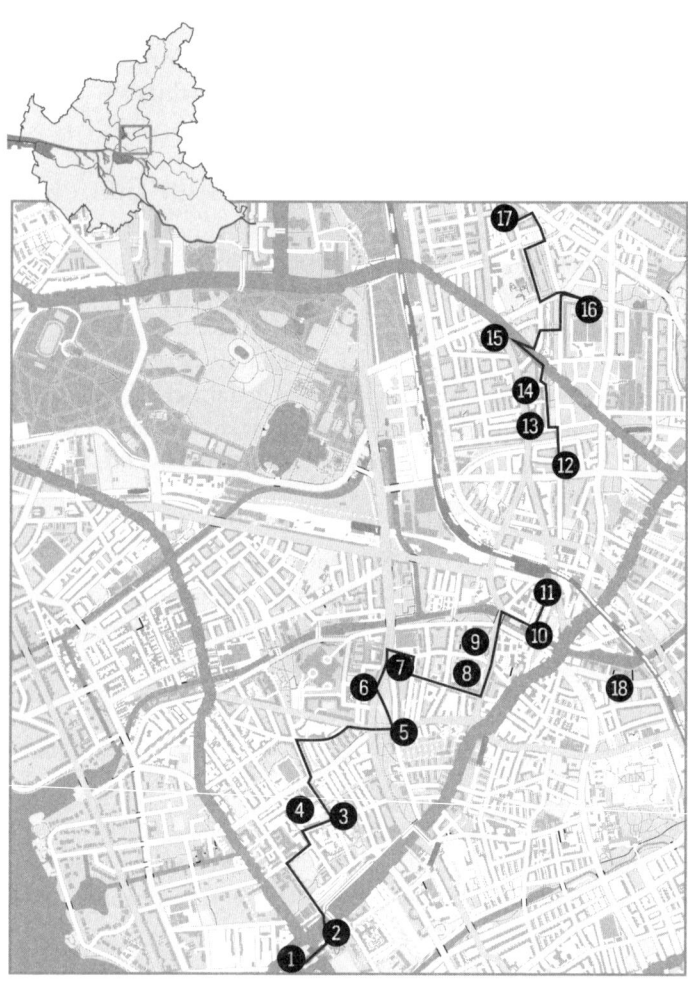

1	Mundsburg	7	PRO-Block	12	Schwalbenstraße
2	Hammonia Bad	8	Keitel-Stift	13	Wohnblock Heidhörn
3	„Lord von Barmbeck"	9	ehemalige	14	Schwalbenhof
4	Bartholomäus-Therme		Heiligengeistkirche	15	Adolph-von-Elm-Hof
5	St. Sophien	10	TRUDE	16	ehemalige Volksschule
6	Bugenhagenkirche	11	Museum der Arbeit	17	Wohnblock Funhofweg
	„Die Burg"			18	Daniel-Bartels-Hof

Barmbek

Arbeiterviertel mit Tradition

Lange Zeit war Barmbek einfach nur ein Dorf vor den Toren der Stadt mit ein paar Hundert Einwohnern. Das änderte sich, als in der Silvesternacht 1860/61 die Torsperre in Hamburg endgültig aufgehoben wurde. Damit konnten die Menschen auch außerhalb wohnen, ohne befürchten zu müssen, bei einer Verspätung nur noch gegen Entgelt die Stadt betreten oder verlassen zu können. Lebten vorher gerade einmal eintausendachthundert Bewohner hier, waren es 1867 bereits über sechstausend. Danach führten unter anderem der Zollanschluss, die Einrichtung der Hochbahn und der Bau der Großsiedlungen dazu, dass die Bevölkerungszahlen beharrlich stiegen – bis sie im Krieg dramatisch zurückgingen, gehörte doch Barmbek zu den Stadtteilen, die von den Bombenangriffen 1943 besonders betroffen waren.

Von Ganoven, Genossen und Gummiwaren: ein Spaziergang von der Mundsburg bis zum Museum der Arbeit

Dass Barmbek ein Gebiet war, in dem vornehmlich Arbeiter lebten, lässt sich auch heute noch an vielen Stellen erkennen. Wenn ich mit der U3 vom Hauptbahnhof in Richtung Osten fahre, bewege ich mich auf der alten Ringbahnlinie, die Anfang des 20. Jahrhunderts als Hochbahn gebaut wurde, um den Arbeitern einen schnelleren Weg in den Hafen zu ermöglichen. Über weite Strecken fährt diese U-Bahn-Linie oberirdisch – über teils denkmalgeschützte Stahlkonstruktionen – und schenkt dem Fahrgast dabei Blicke auf Kirchen und Seen, auf Parks und in die Hinterhöfe der Häuser neben den Gleisen. In großer Zahl stehen entlang der ersten Hochbahnstrecke sehenswerte U-Bahnhöfe. Die schönste Station ist – davon sind viele Hamburger überzeugt – der 1912 eingeweihte, denkmalgeschützte Bahnhof Mundsburg, vier Stationen vom Hauptbahnhof entfernt. Rotklinker und Sandstein, Bauschmuck im Jugend- und Reformstil, Ornamente, kleine Putten unter dem Gesims und Mosaike in den Eingangsbögen – von Beginn an war der Bahnhof als repräsentatives Gebäude geplant worden. Wie durch ein Wunder hat er den Krieg fast unbeschädigt überstanden. Daher ist auch die historische Ausstattung im Inneren, die alten Holzbänke und die kleinen Wärterhäuschen auf den Bahnsteigen, zu großen Teilen erhalten geblieben.

Hinter dem Ausgang Lerchenfeld taucht gleich links das große ehemalige Hammonia Bad von 1928 auf. Über der Tür zeigen Statuen den Zweck des Hauses an: Halb Mensch, halb Fisch erheben sich zwei Wasserwesen aus den Wellen. In dem Bau war einst die Neue Kur- und Badeanstalt am Lerchenfeld untergebracht. Den Menschen, die in der Nähe wohnten, bot das Bad medizinische Anwendungen, Massagen und Gymnastik. „Was Kopf und Hand mit Fleiß hier schufen, den Kranken zu helfen, sei es behufen" heißt es auf einer Plakette in der schönen, mit Art-déco-Elementen ausgestatteten Halle des Erdgeschosses. Aber es ging nicht nur um Heilung. Auf alten Fotos ist zu sehen, wie dicht die Gegend früher teilweise bebaut war, sogenannte Schlitzbauten – niedrige Häuser, die quer zu den Gebäuden an der Straße dicht an dicht in die Hinterhöfe gesetzt wurden – waren üblich. Hier lagen Werkstätten, kleine Fabriken und Wohnungen ohne Licht, Luft und eigenes Badezimmer, in denen ganze Familien in heute unvorstellbarer Enge hausten, nebeneinander. Öffentliche Bäder dienten daher auch der Hygiene, boten ihren Besuchern Wannen- und Brausebäder. Die Statue gleich hinter der Eingangstür zum Hammonia Bad stammt übrigens vom Bildhauer Richard Kuöhl, der in Hamburg sonst eher für seine monumentalen Bauplastiken bekannt ist.

Vom Hammonia Bad unter der Bahnbrücke in Richtung der markanten Türme des Mundsburg Centers hindurch gelange ich zu einer stark befahrenen Doppelstraße, deren südliche Fahrbahn die Oberaltenallee, die nördliche die Hamburger Straße bilden. Dazwischen liegt ein breiter, mit Büschen und Bäumen bestandener Grünstreifen. Tatsächlich betrete ich erst auf der Hamburger Straße Barmbeker Gebiet; die Oberaltenallee liegt noch auf der Uhlenhorst. Wohl kaum jemand, der diese Ecke zuletzt vor dem Krieg gesehen hat, würde sie wiedererkennen. Beide Straßen und auch der Mittelstreifen waren früher dicht mit Wohn- und Geschäftshäusern bebaut, die Hamburger Straße war DIE Einkaufsstraße in Barmbek mit vielen Geschäften, kleinen Läden und Cafés, über Gleise rollte ganz modern die Straßenbahn. In der Nähe stand das Kaufhaus Heilbuth, das 1928 vom glitzernden Karstadt-Warenhaus-Palast, dem damals modernsten Kaufhaus Deutschlands, ersetzt wurde. All dies ist in den Bombennächten 1943 weggefegt worden. In der Nacht vom 30. Juli starben allein im öffentlichen Luftschutzkeller beim Karstadt Warenhaus dreihundertsiebzig Menschen. Ein Mahnmal der Bildhauerin Hildegard Huza-Schneider auf dem Grünstreifen erinnert an die Toten. Heute wird die Kreuzung beherrscht vom Verkehr. Das Konzept der „autogerechten Stadt" hat in Barmbek und in vielen anderen Ecken Hamburgs alte Strukturen ebenso nachhaltig zerstört wie der Krieg.

Mahnmal für die Menschen, die 1943 während des
Bombenhagels im öffentlichen Luftschutzkeller starben

Da ich nicht im Mundsburg Center oder der nebenan gelegenen Einkaufspassage Hamburger Meile shoppen will, gehe ich auf der Hamburger Straße nach rechts, bis ich an der Bar Freundlich & Kompetent nach links in die Humboldtstraße einbiege. Hinter der Straße Borstelreihe liegt rechts ein kleiner Grünzug. Ihn durchquere ich bis zur Bachstraße, gehe auf dieser etwa zweihundert Meter nach links und biege rechts in die Straße Beim Alten Schützenhof ab. Ein Stück die Straße hinauf stehen an der Ecke zur Bartholomäusstraße die beiden ältesten Gebäude dieses Viertels aus den 1870er-Jahren.

Heute ist die Gegend ein ruhiges Wohngebiet mit vielen eher nichtssagenden Wohnhäusern aus der Nachkriegszeit. Vor gut hundert Jahren aber war genau hier, im Haus Beim alten Schützenhof 20, ein Schwerpunkt der Hamburger Kriminalität. In der Gaststätte im Souterrain dieses Eckgebäudes hatte lange Zeit der „Petersen-Konzern" seinen Sitz, eine kriminelle Bande rund um den legendären Safeknacker, Ein- und Ausbrecher Julius Adolf Petersen, den „Lord von Barmbeck" (damals noch mit ck geschrieben). 1882 geboren wurde Petersen schon mit dreizehn Jahren aktenkundig, weil er den Fund einer

Geldbörse unterschlagen hatte. In den nächsten dreißig Jahren hielt er die Polizei mit zahlreichen Einbrüchen in Geschäfte, Villen und öffentliche Einrichtungen auf Trab. Er brach Geldschränke mit einem von ihm „Knabbergeschirr" genannten Werkzeug auf, überfiel Geldtransporte, war Bankhalter in mindestens zwei illegalen Spielclubs und verschob seine Beute bis nach Amerika, wo er in seinem älteren Bruder einen Abnehmer fand. Der größte Coup gelang Petersen und seiner Bande am 29. September 1920 mit einem Einbruch im Postamt Susannenstraße. Über 220 000 Mark an Bargeld und mehr als 350 000 Mark in Briefmarken fielen ihnen in die Hände. Nebenbei muss Petersen noch ein sehr charmanter, gut aussehender Mann gewesen sein, der stets elegant und gepflegt mit Anzug, Schirm und einem Bowler durch die Stadt ging. Ein Auftritt, der ihm den Beinamen „Lord" und die Gunst der Frauen einbrachte! Nach eigenen Angaben überredete er sogar eine junge Komtesse dazu, ihm einmal als seine Komplizin Schmiere zu stehen. Polizei, Staatsanwaltschaft und Gefängnisverwaltung hingegen hassten Petersen, weil er sie durch seine Raubzüge und spektakulären Fluchten mehr als einmal dumm dastehen ließ. 1921 wurde Petersen verhaftet und zu fünfzehn Jahren Zuchthaus verurteilt. Im Gefängnis schrieb er seine Memoiren, die ein amüsantes Sittenbild der Zeit ergeben. Nach einer vorzeitigen Entlassung geriet er wieder auf die schiefe Bahn und wurde 1933 erneut verhaftet. Kurz darauf erhängte sich Petersen in seiner Zelle. Seine schillernde Lebensgeschichte wurde 1973 mit Martin Lüttge in der Hauptrolle, Judy Winter und Helga Feddersen verfilmt.

An der gegenüberliegenden Straßenecke entdecke ich auf einem Informationsschild der sehr umtriebigen Barmbeker Geschichtswerkstatt ein Bild vom „Lord" und erfahre zudem, dass an dieser Stelle einst der Alte Schützenhof stand (daher also der Straßenname). Der wurde aber nach einem tödlichen Unfall 1903 geschlossen und abgerissen. Außerdem finde ich einen Hinweis auf die Bartholomäus-Therme, die ein Stück die Bartholomäusstraße hinauf liegt. Als der hübsche Bau 1909 eingeweiht wurde, standen den Besuchern, meist Arbeiter, die in der Umgebung lebten, in den beiden lichtdurchfluteten, hohen Hallen und im Mittelhaus Dusch- und Reinigungsbäder zur Körperhygiene, aber auch Becken zum Schwimmen zur Verfügung. Streng getrennt nach Damen und Herren, versteht sich! Die nahe gelegene Elim-Gemeinde feierte im Bad die Taufe ihrer Mitglieder. Aber damit nicht genug: Auch ein Standesamt und eine Bücherhalle waren im Gebäude untergebracht. Ein echtes Multifunktionshaus also. Standesamt und Bücherhalle sind mittlerweile aus dem Bau, der nach dem Krieg in etwas reduzierter Form wieder aufgebaut wurde, verschwunden, aber der Badebetrieb geht weiter. Die linke Halle ist für die Allgemeinheit nur in den Morgenstunden geöffnet, danach steht sie Schulen und Vereinen zur Verfügung. Der rechte Gebäudeteil beherbergt eine wunderschöne kleine Therme mit einer lichten Jugendstilhalle, verschiedenen Saunen, Dampfbädern und einer stillen Freiterrasse.

Noch mehr Jugendstil gibt es in der Flotowstraße, die gleich an der gegenüberliegenden Straßenecke beginnt. Zwar hat auch hier der Krieg Lücken gerissen, aber in der baumbestandenen, schattigen Straße ist eine große Zahl mehrstöckiger Wohnhäuser aus den 1910er-Jahren erhalten geblieben. Ein solch geschlossenes Ensemble erwartet man eher im schicken Eppendorf als hier in Barmbek. Allmählich erwachen die Bauten aus dem Schönheitsschlaf, sorgfältige Renovierungen lassen die alten Fassaden und den Stuck, die Türen, Fenster sowie Balkone glänzen. Vor einigen Häusern liegen kleine Vorgärten, die von den Bewohnern liebevoll bepflanzt und gepflegt werden.

An der nächsten Ecke biege ich nach rechts in die Straße Imstedt ein und stehe nach einigen Schritten vor der komplett renovierten ehemaligen Volksschule, erbaut im Jahr 1905 von

Carl Johann Christian Zimmermann, von dem unter anderem auch das Museum für Kunst und Gewerbe in Bahnhofsnähe stammt. Im tiefliegenden Giebel mit den zwei großen Fenstern lag früher der Eingang, fleißige Schüler und Schülerinnen aus Stein strömen in das Schulgebäude. Die Straße mündet in die Weidestraße, in die ich rechts einbiege. Gleich darauf überquere ich die viel befahrene Adolph-Schönfelder-Straße. Gegenüber ist die Kirche St. Sophien bereits zu sehen. Die römisch-katholische Kirche wurde 1900 vom Königlich-preußischen Kommerzienrat Wilhelm von Riedemann gestiftet. Da während der industriellen Revolution Arbeiter aus allen Teilen Deutschlands und Europas, vor allem aus Polen, nach Hamburg gekommen waren, gab es in Barmbek eine bedeutende katholische Gemeinde im ansonsten protestantischen Hamburg. Die im neugotischen Stil erbaute Hallenkirche trug bis zum Zweiten Weltkrieg einen Turmhelm, sodass der Turm insgesamt etwa sechzig Meter hoch war – eine Höhe, die für viele Protestanten einen Affront darstellte. Hinzu kommt, dass auch die Protestanten selbst an dem Gelände an der Elsastraße / Weidestraße interessiert gewesen waren, um hier eine Kirche zu errichten, aber nicht zum Zug gekommen waren. Alles in allem war diese katholische Kirche für viele Protestanten in der Gegend ein Ärgernis.

Im Neubau hinter der Kirche hat der Dominikanerorden seinen Sitz. Leider ist das Gebäude normalerweise nicht zugänglich. Der Rundbau steht unter Denkmalschutz und beherbergt eine moderne Kapelle sowie eine schöne Gartenanlage.

Vor der Sophienkirche liegt der langgestreckte Biedermannplatz, der früher (nach einem Hamburger Botaniker benannt) Schleidenpark hieß. Dieser heute eher unscheinbare Park war eine der ersten öffentlichen Grünanlagen in Hamburg und ist Anfang des 20. Jahrhunderts noch vor dem Stadtpark entstanden. Den Arbeitern in der Umgebung sollte er Luft und die Möglichkeit zur Bewegung verschaffen, für Kinder standen

zwei Teiche (von denen einer erhalten ist) und Spielgeräte
bereit. Spätestens nach der verheerenden Choleraepidemie von
1892, die besonders heftig in den eng bebauten und feuchten
Gängevierteln der Innenstadt gewütet hatte, war auch bei der
Stadtverwaltung die Einsicht gewachsen, dass Menschen Licht
und Luft brauchen, um nicht krank zu werden. So begann man,
Grünanlagen zu planen und anzulegen. Von der Bevölkerung
wurde der Park damals begeistert angenommen, und noch
heute ist er bei den Anwohnern beliebt. Wem es gelingt, die
Verkehrsgeräusche auszublenden, der findet hier überraschend
hübsche Plätzchen mitten in der Stadt.

Im Park gehe ich in Richtung der evangelischen Bugenhagenkirche, die auf der anderen Seite des Biedermannplatzes
(der Verlängerung der Adolph-Schönfelder-Straße in Richtung
Norden) auftaucht. Der große, dunkle Rotklinkerbau, 1927 im
Stil des Neuen Bauens vom Architekten Emil Heynen errichtet
und 1929 geweiht, gehört zu den imposantesten und ungewöhnlichsten Kirchen der Hansestadt. Kantig, massiv, trutzig
stellt sie sich der in Sichtweite liegenden katholischen Sophienkirche entgegen und bildet schon rein optisch einen modernen,
klaren Gegenentwurf zum neugotischen Gotteshaus. Ihr Turm
wurde entgegen der ursprünglichen Planung noch einmal
um fünf Meter erhöht und ist einundvierzig Meter hoch –
damit war er nicht ganz so hoch wie der der Konkurrenz,
setzte aber dennoch ein Zeichen. Die geplante expressionis-
tische Verzierung der Kirche wurde aus Kostengründen nicht
umgesetzt, aber etwas Schmuck, sehr sehenswerten zudem, hat
sie doch bekommen: Schon von Weitem sind die fünf circa zwei
Meter vierzig großen Skulpturen über dem Eingang hinter der
doppelläufigen Freitreppe zu erkennen, die von Friedrich Wield
und Alphons Ely (die äußeren Figuren) sowie von Richard
Kuöhl geschaffen wurden. Von Letzterem stammt die zentrale
Statue von Johannes Bugenhagen, der als Zeitgenosse Luthers
die Reformation in die Hansestadt brachte. Das Ziffernblatt

Imposanter Bauschmuck an der Bugenhagenkirche

der Uhr im Turm ist übrigens aus vergoldeten Ziegeln gestaltet, ein schönes Beispiel für die Vielseitigkeit dieses Baustoffs. Im Inneren der Kirche liegen Gemeinderaum und Kirchensaal übereinander, eine ungewöhnliche Anordnung. Leider ist der Kirchensaal nicht mehr zugänglich: 2004 wurde die Kirche geschlossen, weil ihr Unterhalt zu teuer war. Heute dient das Gebäude unter dem Namen Die Burg vor allem als Probebühne für verschiedene Hamburger Theater. Gelegentlich aber ist das Theater auch für das Publikum geöffnet. Wer Glück hat, kann dann zum Beispiel die Elbfräulein auf der Bühne erleben. Die vier jungen Frauen bringen mit ihrer Revue und perfekt arrangierten Songs das Flair der 1920er-Jahre zurück. Derzeit aber ist die Zukunft der Burg ungewiss. Zu hohe Kosten scheinen dieses ungewöhnliche, schöne Gotteshaus durch die Geschichte zu begleiten. *(www.die-burg-barmbek.de)*

Erneut überquere ich den Biedermannplatz und gehe ein paar Schritte durch den Schleidenpark, bis ich an seinem nördlichen Ende auf eines der spannendsten Gebäude in Barmbek-Süd stoße, auf den Wohnblock der Bau-, Konsum- und Spargenossenschaft PRODUKTION von 1905/06. Der PRO-Block, wie er allgemein genannt wurde und wird, nimmt den gesamten Straßenblock zwischen Schleiden-, Lohkoppel-, Bruckner- und Ortrudstraße ein (bei Redaktionsschluss waren Teilbereiche des Blocks gerade eingerüstet und wurden restauriert). Insgesamt zweihundertfünfundfünfzig Wohnungen, bezahlbar auch für Arbeiter und ihre Familien, sieben Geschäfte und eine Gaststätte beherbergte der SPD-nahe Block, der zu einer Hochburg der Arbeiterbewegung wurde. So wurde die Gastwirtschaft Mause, benannt nach dem Besitzer, zu einem wichtigen Treffpunkt für Sozialdemokraten. Im PRO-Block wurden gemeinschaftlich die Kinderbetreuung, Ausflüge und Ferienerholung organisiert, es gab Theateraufführungen, Leseabende und einen angesehenen Chor. Dass dabei durchaus Druck auf die Bewohner ausgeübt wurde, sich doch der SPD anzuschließen, war die Kehrseite von so viel Engagement. Ab 1930 war die Kneipe Mause mehrfach Ziel von Übergriffen von NS-Truppen, nach 1933 wurden die Attacken so häufig, dass keine Gäste mehr kamen. Erst nachdem ein dem Regime angenehmer Wirt das Lokal übernommen hatte, hörten die Überfälle auf. Im Krieg brannte der PRO-Block aus, wurde aber ab 1949 wieder aufgebaut. Besonders schön ist die Ansicht des Gebäudes von der Brucknerstraße aus (an der Hauptstraße entlang den Bau zunächst rechts liegen lassen und an der nächsten Ecke rechts rein). Der Eingangsbereich springt zwischen den beiden Seitenflügeln ein wenig zurück und lässt Platz für eine kleine Grünfläche. Diese Form der Grundstücksbebauung, Hamburger Burg genannt, nutzt die zur Verfügung stehende Fläche aus und bietet dennoch allen Wohnungen Luft und Licht. So konnte die enge und ungesunde Hinterhofbebauung, wie sie sonst in diesem Teil der Stadt so häufig war, verhindert werden.

Hinter dem PRO-Block in der Lohkoppelstraße 24 gehe ich weiter zu einem sozialen Wohnungsbau der ganz anderen Art: zum Keitel-Stift. Der repräsentative Neorenaissance-Bau von 1905 aus Backstein wirkt mit seinen Balkonen und Giebeln, der reichen Verzierung aus Putz und dem hohen Turm auf mich eher wie das Stadtpalais eines Adligen denn wie ein Stiftungsgebäude (und er wird auch oft Schloss von Barmbek genannt). Tatsächlich aber wurde das Keitel-Stift von den Schwestern Wilhelmine und Charlotte Keitel „zum Wohle minderbemittelter Damen" gegründet. Ziel war, mittellosen, alleinstehenden, älteren Frauen ein mietfreies Wohnen zu ermöglichen, nur die Betriebskosten mussten erstattet werden. So ist es nicht verwunderlich, dass die Wohnungen selbst eher schlicht gestaltet waren. Bäder beispielsweise wurden erst nach dem Krieg eingebaut.

Am Ende der Lohkoppelstraße biege ich nach links in die Reesestraße in Richtung des ehemaligen Dorfplatzes ein. Hinter den Bäumen sehe ich bereits zwei Neubauten, die die Reste der ehemaligen Heiligengeistkirche umklammern. Nachdem der geplante Bau einer evangelischen Kirche an der Ecke Weidestraße / Elsastraße nicht zustande gekommen war, wich man auf diesen Standort in der Nähe des Barmbeker Dorfplatzes, der jahrhundertelang das Zentrum des Dorfes gewesen war, aus. 1903 wurde das im neugotischen Stil errichtete Gotteshaus als Heiligengeistkirche eingeweiht und war damit die erste protestantische Kirche auf Barmbeker Gebiet. Sowohl mit ihrem Standort als auch mit ihrem Namen erinnerte sie an die ehemaligen Herrscher in Barmbek, gehörte das Dorf doch seit 1355 dem Hospital zum Heiligen Geist und wurde in der frühen Neuzeit durch die sogenannten Oberalten verwaltet. Deren Herrenhaus stand genau auf dem Platz, auf dem nun die Kirche gebaut wurde. Der Kirchturm maß übrigens knapp sechzig Meter und war damit ungefähr gleich hoch wie der der katholischen Kirche St. Sophien … 2008 wurde die Heiligengeistkirche bis auf einen kleinen Rest abgerissen, nachdem Gutachter einen erheblichen Sanierungsbedarf festgestellt hatten – der erste Abriss einer Kirche in Hamburg seit dem Zweiten Weltkrieg.

Am Ende der Straße stoße ich auf den Osterbekkanal, der Barmbek-Süd von Barmbek-Nord trennt. Auf alten Bildern ist zu sehen, wie sich die Osterbek hier friedlich durch Wiesen und Gärten schlängelte. Heute ist der kleine Bach begradigt, zum Kanal ausgebaut und – wie viele andere Wasserwege der Stadt auch – vor allem bei Kanufahrern, Ruderern und Paddlern beliebt. Viele der neuen Häuser, die weiter östlich am Ufer stehen, haben eigene Bootsanleger. Der frühere Zweck des Kanals war es, die Siel- und Kanalanlagen der Stadt zu spülen. Gleichzeitig diente er natürlich auch als bequemer Transportweg für die nahe gelegenen Fabriken, vor allem für die (allerdings schon vor dem Kanalbau dort ansässige) New-York Hamburger Gummi-Waaren Compagnie (NYH), meiner nächsten Station.

Hinter der Brücke baut sich rechts vor mir die TRUDE auf. TRUDE, das steht für „Tief runter unter die Erde", und einen passenderen Namen kann es kaum geben für das mächtige Schneidrad, mit dem die 2002 eröffnete vierte Röhre des Elbtunnels gegraben wurde. Die vierzehn Meter im Durchmesser große TRUDE ist Industriedenkmal und das größte Ausstellungsstück des Museums der Arbeit, das auf dem ehemaligen Fabrikgelände der NYH untergebracht ist. Von 1871 an stellte die NYH an dieser Stelle Waren aus Hartgummi her, vor allem Kämme, Mundstücke für Pfeifen, Schmuck und Griffe für Spazierstöcke. Später kamen noch Produkte für die chemische Industrie und für die Telekommunikation hinzu. Die Fabrik war lange Zeit der mit Abstand größte Arbeitgeber in Barmbek, rund eintausendeinhundert Menschen waren hier 1910 beschäftigt. Im Zweiten Weltkrieg mussten russische Zwangsarbeiterinnen im Gebäude, in dem heute das Museum untergebracht ist, arbeiten. Die Fabrik wurde im Krieg schwer beschädigt und zunächst stillgelegt, aber schon bald nahm man die Herstellung wieder auf. 1954 wurde die Produktion dann aber vollständig in den Binnenhafen nach Harburg (einen näheren

Blick auf das dortige Hafengelände werfe ich ab Seite 167)
verlagert. Lange Zeit war unsicher, wie die Stadt das Gelände
nutzen wollte, bis man sich dazu entschied, dort ein Museum
der Arbeit einzurichten. In den vergleichsweise schlichten
Gebäuden sind zum einen die Geschichte der NYH und die
Entwicklung von Industrie und Arbeit dargestellt, zum anderen
aber ist in der alten Fabrik eine ganze Reihe von Werkstätten
untergebracht, die zum Mitmachen einladen. Ob Buchbinden
oder Bleisatz, Steindruck oder Radierung – hier kann man überlieferte Techniken selbst ausprobieren. An den Wochenenden
und zu ausgewählten Terminen kommen die alten Gerätschaften
zum Einsatz. Erfahrene Mitarbeiter demonstrieren, wie Kaffee
geröstet wird, welche Kraft die alten Bagger haben, wie „das
Fräulein vom Amt" eine Telefonverbindung herstellte und welch
zarte Monogramme ein Stickautomat auf den Stoff zaubert.
Besonders beliebt sind die Vorführungen der Bonbonpresse –
gibt es hier doch nicht nur etwas zu sehen und zu riechen,
sondern auch zu schmecken: Die Bonbons werden frisch aus der
Presse zum Probieren und Mitnehmen verteilt. Vor allem das
abwechslungsreiche und liebevoll zusammengestellte Programm
macht das Museum der Arbeit zu einem der schönsten Museen
in Hamburg, unbedingt auch für Kinder geeignet.

Mein Spaziergang endet auf dem Fabrikhof der ehemaligen
NYH, auf dem auch das Stadtteilzentrum für Barmbek-Nord
untergebracht ist. In der ehemaligen Zinnschmelze mit dem
markanten viereckigen Turm gibt es Theater, Musik und
Literatur, aber auch Raum für Vorträge, Kurse, Tanz und
Partys. Besonders schön finde ich den kleinen Biergarten auf
dem Hof. Wo früher die Arbeiter die Maschinen bedienten
und Schornsteine die Luft verschmutzten, lässt sich heute
unter schattigen Bäumen ganz wunderbar ein Bier genießen.

Nicht zu übersehen: die TRUDE,
mit der die vierte Röhre des Elbtunnels gegraben wurde

Fischbrötchen selbst gemacht

Von allen Hamburger Spezialitäten ist das Fischbrötchen mit Sicherheit am einfachsten selbst herzustellen. Ein echtes Fischbrötchen besteht aus einem Brötchen, einem Bismarck- oder Matjeshering und Zwiebeln. Salat? Remoulade? Tomate? Sind im Original nicht vorgesehen.

Auf dem Weg durch Barmbek-Süd kommen wir zuerst an einem der besten Bäcker der Stadt vorbei und landen ganz in der Nähe eines alteingesessenen Fischhandels. Da ist so ein Fischbrötchen schnell selbst gemacht.

Kaufen Sie in der Bäckerei Hönig (Sentastraße 37, gleich beim PRO-Block, Mo–Fr 6–11.30 Uhr, Sa 6–12.30 Uhr) ein Brötchen, und lassen Sie es sich aufschneiden. In der Fischhandlung Färber (Fuhlsbüttler Straße 44, hinter dem Museum der Arbeit und dem Globetrotter, Di–Do 9–16 Uhr, Fr 9–18 Uhr) holen Sie sich einen Bismarckhering oder einen Matjes, die Zwiebeln gibt's dazu. Brötchen aufklappen, Fisch reinlegen, Zwiebeln obendrauf, Brötchen zuklappen und reinbeißen!

Und wem eher nach etwas Süßem ist: Beim Bäcker Hönig gibt es mit die besten Franzbrötchen der Stadt!

Ein Stadtteil in Rot und Grün

Kein Baustoff ist typischer für Hamburg und andere Städte entlang der Küste als der Backstein. Und in wenigen Stadtteilen Hamburgs lässt sich die Schönheit der roten Steine so gut bewundern wie in Barmbek-Nord. Rotklinkerfassaden, so weit das Auge reicht.

Lange Zeit bestand Barmbek-Nord in erster Linie aus Ackerland. Als die Wohnungsnot in der Stadt nach dem Ersten Weltkrieg jedoch immer größer wurde, griff Fritz

*Rote Steine und weiße Fenster
gliedern Häuser und Straßen in Barmbek-Nord.*

(eigentlich Friedrich Wilhelm) Schumacher, von 1909 bis 1933 Baudirektor in Hamburg, zu einem kühnen Plan: Auf dem Reißbrett entstanden riesige Großsiedlungen, die Tausenden Menschen ein Dach über dem Kopf verschaffen sollten. Und ab 1925 wurde die erste davon in Barmbek-Nord Realität – fast komplett in Rotklinker!

Nicht jeder mag die Backsteinarchitektur. Zu eintönig, zu trist, zu dunkel, lautet oft das Urteil. Andere hingegen lieben die teils strengen, manchmal aber auch beinah schwärmerischen und dann wieder expressionistisch-ausdrucksvollen Fassaden, die vor allem ältere Rotklinkerbauten schmücken. Backsteine fassen darüber hinaus Wege und Beete ein, begrenzen Grünflächen, und manchmal formen sie sogar Spielgeräte auf einem Spielplatz.

Mir gefällt gerade die Vielseitigkeit der roten Steine, und auf meinem Spaziergang durch Barmbek-Nord bekomme ich jede Menge davon zu sehen. Ich starte am Gebäudeensemble Harzensweg / Hellbrookstraße / Schwalbenstraße, nur wenige Hundert Meter vom U-Bahnhof Barmbek entfernt. In Richtung Norden geht die Schwalbenstraße ab. In ihr und in ihren Seitenstraßen Suhrsweg, Harzensweg und Peiffersweg zeigt sich der Backstein von seiner verspielten, romantischen Seite: Ziegel, die sich neigen und drehen, die umlaufende Bänder und Vorsprünge bilden, die Erker, geschwungene und eckige Balkone sowie Giebel formen. Rote, dunkle Flächen, die sich mit weißen, teils weiter gegliederten Sprossenfenstern abwechseln und gemeinsam das Haus und die ganze Straße rhythmisch gliedern. Dazwischen viel Grün – an den Türen, auf den Balkonen und in Büschen und Sträuchern hinter backsteinernen niedrigen Mauern.

Dagegen ist der Wohnblock an der Straße Heidhörn, zu dem ich unter der U-Bahn-Brücke hindurchkomme, schlicht, schon fast unscheinbar, zumindest von der Schwalbenstraße und vom Heidhörn aus. In seiner Sachlichkeit ist das Haus, 1926/27 vom Architekten Paul Frank errichtet und nach dem Krieg wieder aufgebaut, ein typisches Beispiel für das Neue Bauen, bei dem der äußere Schmuck verschwand und die Funktionalität im Vordergrund stand. Um zur Rückfront zu gelangen, nehme ich den kleinen Fußweg, der gleich hinter der U-Bahn-Brücke nach links führt, und sehe: Der Komplex ist ein sogenanntes Laubenganghaus. An der Außenmauer sind Gänge angebracht, über die der Zugang zu den Wohnungen erfolgt, ein Mittel, um im Inneren (wenn auch in begrenztem Rahmen) Platz zu schaffen. In den 1930er-Jahren war dieses Haus ein Prototyp für Wohnungen, die auf engstem Raum Menschen mit äußerst niedrigem Einkommen ein Dach über den Kopf bieten sollten. Sie boten nur Wohnküchen und Gemeinschaftsbäder, dafür stand den Mietern auf dem Dach aber eine Fläche zum Sonnenbaden zur Verfügung. Auch der Hinterhof bietet Licht und Luft, er ist mit einem Spielplatz, Bänken und alten Bäumen Teil eines langen, sehr grünen Pfades, der an der U-Bahn-Linie entlangführt. Fußgänger und Radfahrer können so weite Teile Barmbek-Nords durchqueren, ohne die Straßen nutzen zu müssen.

Hinter der Straße Heidhörn komme ich in das Kerngebiet der Großsiedlung Barmbek-Nord: auf den weiten Schwalbenplatz mit der parkähnlichen Grünfläche in seiner Mitte, der im Norden bis an den Habichtsplatz reicht. Es war ein Glücksfall für die Stadt, dass zeitgleich mit Fritz Schumacher Otto Linne als kongenialer Gartenbaudirektor in Hamburg tätig war. Gemeinsam planten die beiden in Barmbek-Nord ein Netz aus Grünstreifen und Parks, aus Ruhezonen für ältere Bewohner und Spielplätzen für die ganz Kleinen, das auch heute noch über weite Strecken den gesamten Stadtteil durchzieht. „Großstädtische Wanderwege" nannte dies Schumacher. Barmbek-Nord ist nicht nur rot durch die Backsteinarchitektur, sondern auch grün durch die dazwischenliegenden Grünflächen, die vielen Bäume, Sträucher und Rasenflächen. Selbst viele Hamburger kennen dieses Gesicht des Stadtteils nicht. Ich wähle die linke Seite des Schwalbenplatzes und stoße nach ein paar Schritten auf den Schwalbenhof – noch ein Laubenganghaus, bei dem allerdings die Laubengänge zur Straße hin liegen. In diesem 1929/30 ebenfalls von Paul Frank geplanten Komplex fanden alleinstehende Frauen ein Heim, für die es sonst auf dem Wohnungsmarkt fast unmöglich war, etwas Brauchbares zu finden. Dabei bildeten sie eine große Gruppe, denn nach dem Ersten Weltkrieg blieben viele Frauen unverheiratet. Die Bewohnerinnen des Schwalbenhofs stammten aus bürgerlichen Schichten und waren zudem alle berufstätig, ansonsten hätten sie sich die zwar winzigen, aber für damalige Verhältnisse mit hohem Komfort ausgestatteten Wohnungen – darunter ein Warmwasseranschluss und Haustelefon – nicht leisten können: Zur ohnehin beträchtlichen Miete kam noch ein Baukostenzuschuss hinzu.

Der Nachbarbau, der ein paar Schritte weiter am Schwalbenplatz 17–19 liegt, tanzt optisch aus der Reihe. Eine weiße Putzfassade, halbrunde Giebel und ein bogenförmiger Durchgang zum Habichtsweg, der über einen großen, hellen

Innenhof und weiter bis auf die Fuhlsbüttler Straße führt, und kleine Vorgärten im Hof bieten einen klaren Kontrast zur Strenge der anderen Häuser.

Im Norden schließt sich an den Schwalbenplatz der Habichtsplatz an. Alte Fotos zeigen, dass er der geräumige Schluss- und Höhepunkt des gesamten Areals war. Von Schumacher und Linne war er als zentrale Erholungsstätte im Viertel geplant worden: eine von allen Seiten gut erreichbare, große quadratische Fläche, in der Mitte eine kreisrunde Gartenanlage, Spiel- und Ruheflächen, Bäume, Sträucher und Rasenflächen im Wechsel – der Habichtsplatz war ein Schmuckstück in Schumachers Planung. Heute hingegen ist davon nur ein kleines Eckchen Grün übrig geblieben. Der Ring 2 oder auch Mittlere Ring, der 1971 gebaut wurde, durchschneidet den Habichtsplatz diagonal und versenkt einen großen Teil davon unwiederbringlich unter Asphalt. Bis heute ist der Ring, der teilweise als Hochstraße durch den Stadtteil verläuft, eines der großen Probleme Barmbek-Nords, mindert der Verkehr doch erheblich die Lebensqualität im Viertel und schneidet den nördlichen Teil vom südlichen ab.

Am Ring, der hier von der Dennerstraße gebildet wird, wende ich mich nach links und gehe ein paar Schritte bis zum Adolf-von-Elm-Hof, der 1926/27 vom Architekten Friedrich Richard Ostermeyer geplant wurde. Benannt ist der Wohnblock nach Adolf von Elm, SPD-Reichstagsabgeordneter und Mitbegründer des Konsum-, Bau- und Sparvereins PRODUKTION, dem der Wohnkomplex auch gehörte. Die Fassade ist bis auf umlaufende Bänder eher schnörkellos, aber es finden sich bemerkenswerte Beispiele für Bauschmuck. Unübersehbar schaut gleich an der Ecke zur Dennerstraße auf Höhe des ersten Stocks die lebensgroße Statue eines Arbeiters mit einem Hammer in der Hand und einem entschlossenen Blick über mich hinweg. Geschaffen hat die Plastik Richard Kuöhl. Es lohnt sich, in den geräumigen Innenhof des Blocks

Rasanter Stein: Rennfahrer im Relief im Adolf-von-Elm-Hof

zu gehen, in dem noch ein altes Waschhaus erhalten ist (heute nutzt es ein Handwerker als Werkstatt). Auf der gegenüberliegenden Seite, in der Durchfahrt zur Fuhlsbüttler Straße hin, sind vor den Treppenaufgängen Reliefs in die Wand eingelassen. Sie zeigen auf der einen Seite Fischer bei der Arbeit, auf den anderen Seite Alltagsszenen, Spaziergänger mit Schirm, Radfahrer und dazwischen sogar einen Autofahrer, nein, es ist sogar ein Rennfahrer, der über die Wand braust.

Ich kehre wieder zur Dennerstraße zurück, von der auf der anderen Straßenseite der Mildestieg abgeht – ein Straßenzug, der komplett in Rotklinker gebaut ist. Geschmückt sind hier vor allem die vorspringenden Hauseingänge, die große, auffällige Keramiken zeigen. Ich wechsele durch den Durchgang auf der rechten Straßenseite zuerst in den großen, den gesamten Block durchziehenden Innenhof (durch den der Grünzug am Schwalbenplatz fortgeführt wird) und gehe dann durch den Durchgang auf der anderen Seite zur Otto-Speckter-Straße (das Gebäude 11–33 mit den markanten Balkonen stammt vom expressionistischen Architekten Hermann Höger, dem jüngere Bruder von Fritz Höger, Schöpfer des Chilehauses). Links hoch führt mich mein Weg auf die Straße Langenfort zu, in die ich rechts

Backstein einmal ganz anmutig:
ein Pferdchen auf einem ehemaligen Spielplatz

einbiege. Nach ein paar Schritten stehe ich vor der ehemaligen Volksschule, heute die Helmuth-Hübener-Stadtteilschule, ein Schulbau von Fritz Schumacher. Besonders auffällig finde ich die halbrunden Vorbauten, besonders hübsch die mit „Knaben" und „Mädchen" und dem Hamburger Wappen geschmückten Zugänge in die Schule.

Der Langenfort hat einen eigenen kleinen Park: eine etwas verschobene Querachse in Ost-West-Richtung zum Grünzug, der sich vom Schwalbenplatz nach Norden zieht. Am östlichen Ende befindet sich, allerdings wenig ansehnlich, das Wendebecken der ehemaligen Schiffsversuchsanstalt. Wesentlich anmutiger ist der kleine Park weiter im Westen an der Ecke Langenfort/Lorichsstraße – und hier wird der Rotklinker wirklich verspielt, im wahrsten Sinne des Wortes: Zwei kleine rote Backstein-Pferdchen stehen sehr fotogen an den Ecken. Früher lag hier ein beliebter Spielplatz mit Sandkiste und Spielgeräten, und die Pferde dienten als Kletterobjekte. Lange Zeit war diese Grünanlage arg vernachlässigt, bis sie 2012 zu der netten Ruhezone umgestaltet wurde, die sie heute ist.

Von hier aus laufe ich die Lorichsstraße hoch in Richtung Hartzloh / Hartzlohplatz, vorbei an der ehemaligen Polizeiwache (Lorichsstraße 28 A), auch diese geplant von Fritz Schumacher. Im Gebäude bietet das Bürgerhaus Barmbek unter anderem eine Bühne für Amateurtheater, Räume für verschiedene Workshops und ein Café. Mein Spaziergang geht hinter dem Hartzlohplatz auf der wieder komplett in wunderbarem Rotklinker gestalteten Meister-Francke-Straße weiter. Noch geschlossener ist der Eindruck kurz danach hinter dem Tor zum Funhofweg, über dem zwei zum Sprung bereite Panther, geschaffen von Ludwig Kunstmann, lauern. Obwohl oder gerade weil die Gestaltungsmittel in diesem Gebäudeblock (erbaut 1927 / 28 von Eugen Fink) eher einfach sind – umlaufende horizontale Bänder, die durch vertikale Streben durchbrochen werden –, ergibt sich ein lebhaftes, sehr harmonisches Gesamtbild. Der Komplex am Funhofweg ist der letzte große Wohnblock, den ich auf meinem Spaziergang besichtige.

Wer noch mehr Lust auf Backsteinarchitektur hat, findet in Barmbek-Nord zahlreiche weitere Beispiele, etwa auf der östlichen Seite des Schwalbenplatzes. Die Grundrisse hier sind etwas schief, weil Schumacher sich nach einem bereits bestehenden Sielnetz richten musste. Im Wohnblock Habichtstraße sind am Zugang gläserne, runde Ladengeschäfte erhalten, zudem ist ein Blick in den Hinterhof möglich. Auch wurden bereits vor dem Bau der Großsiedlung sehenswerte Rotklinkerbauten errichtet, beispielsweise die ehemalige Volksschule am Tieloh, die 1914 eingeweiht wurde: ein klassischer Schumacher-Bau aus den 1910er-Jahren mit der repräsentativen Fassade und dem Bauschmuck zum Schulhof hin. Über dem Eingang an der Straße sind kleine Plastiken von Kuöhl zu sehen: Mädchen und Jungen mit Büchern unterm Arm. Gleich hinter der Schule die Straße Tieloh hinauf steht die Auferstehungskirche von 1920 mit den streng schauenden Luther und Melanchthon über dem frisch renovierten Eingang,

DANIEL BARTELS
DEM DICHTER DES
GRILLENSCHEUCHERS
ZUM GEDÄCHTNIS

Keramikplastiken von – na klar – Kuöhl. Auch das Kreuz und die Uhr mit den Tierkreiszeichen sind von ihm aus Keramik gestaltet worden. Ein Blick in das Innere der Kirche lohnt sich nicht nur wegen des runden Grundrisses des Kirchenraums, des Mosaiks von Axel Bünz hinter dem Altar und der hellen Innengestaltung. In der Kirche befindet sich eine Gedenktafel für Verfolgte, die auf Anregung von Ralph Giordano hier angebracht wurde. Der 2014 verstorbene Schriftsteller ist in Barmbek-Nord, nicht weit von der Kirche entfernt, aufgewachsen und trotz der Verfolgung seiner Familie – seine Mutter war Jüdin – diesem Stadtteil Zeit seines Lebens eng verbunden geblieben. Seine Erlebnisse schrieb er im bekannten Roman *Die Bertinis* nieder.

Besuch beim Grillenscheucher: der Daniel-Bartels-Hof

Daniel Tobias Peter Bartels wurde am 18. November 1818 in Lübeck geboren und ist dort und in Hamburg aufgewachsen. Er ging bei einem Malermeister in die Lehre und bereiste als Geselle ganz Deutschland, bevor er 1844 nach Hamburg zurückkehrte und heiratete. Sein Geld verdiente er ab 1854 als Bürochef bei einem Rechtsanwalt und als Archivar in der Vereinsbank. Bekannt wurde er aber als „Grillenscheucher".

„Grillen" – das sind Grübeleien und ungute Gedanken, Verdruss und Reizbarkeit. Ein Grillenscheucher ist also jemand, der schlechte Laune vertreibt. Bartels tat dies als Autor humoristischer Bücher. In verschiedenen Hamburger Blättern veröffentlichte er kurze Erzählungen und Gedichte

Ein Brunnen für den Grillenscheucher

79

auf Hochdeutsch, Plattdeutsch, auf „Jüdisch", wie er selbst es nannte, und auf Missingsch. Missingsch ist eine Mischsprache aus Hoch- und Plattdeutsch, die entstand, als sich in den Kontorhäusern, Fabriken und Werften der Hansestadt plattdeutsch sprechende Arbeiter mit Kollegen aus allen Teilen Deutschlands verständigen mussten. Und das hörte sich bei Bartels dann so an:

En goode Untreed.
Arbeit macht das Leben süß?
Leeve Arbeit, denn adjüß!
Süh, mi kannst keen Lust bereiten,
Denn ick mag keen Seutigkeiten!
Daniel Bartels

Wem das jetzt irgendwie bekannt vorkommt, liegt ganz richtig. Viele Stücke, die im Ohnsorg-Theater für die Ausstrahlung im Fernsehen aufgezeichnet wurden, wurden auf Missingsch gespielt. Reines Plattdeutsch hätten die wenigsten Zuschauer verstanden.

Am Alten Teichweg in Barmbek-Süd, ganz in der Nähe des S-Bahnhofs Barmbek, ist Daniel Bartels ein Wohnblock gewidmet. Wie passend: Eine weiß verputzte Fassade, ein großer, grüner Innenhof, Tordurchgang und Balkone in runder Bogenform – das ganze Haus, 1928 von den Architekten Alfredo Puls und Emil Richer erbaut, macht einen heiteren, offenen Eindruck. Auf der Grünfläche in der Mitte steht ein Brunnen mit einer musizierenden Grille, vor dem Torbogen begrüßen die Statuen zweier junger Frauen die Besucher, alles Werke des Bildhauers Ludwig Kunstmann.

Der Daniel-Bartels-Hof ist so ganz anders als die anderen Wohnblöcke aus dieser Zeit und bietet eine wohltuende Abwechslung, wenn sich die Augen am Rotklinker sattgesehen haben.

Zum Besuchen

Museum der Arbeit

Wiesendamm 3, Tel.: 040-4281330
Mo 13–21 Uhr, Di–Sa 10–17 Uhr, So und feiertags 10–18 Uhr
www.museum-der-arbeit.de
Das Museum liegt direkt am U- und S-Bahnhof Barmbek in
einem alten Fabrikgebäude. Vor allem die Vorführungen und
die Mitmachaktionen lohnen einen Besuch.

Zum Genießen
(Spaziergang von der Mundsburg bis zum Museum der Arbeit)

Conditorei Café Münch

Weidestr. 26, Tel.: 040-2995039
Di–Fr 7.30–18.30 Uhr, Sa 7.30–16 Uhr, So 8–17 Uhr
www.conditorei-muench.de
Winziges Café hinter der Sophienkirche mit selbst gebackenem
Kuchen und vielen köstlichen Torten.

Eisdiele Salvatore Tomarchio

Imstedt 6, Tel.: 040-2207048
täglich 11–21 Uhr, im Hochsommer bis 22 Uhr,
Nov.-Mitte/Ende Feb. geschlossen
Von außen unscheinbar, von innen ein Paradies für Eisliebhaber!
Üppige Portionen, sahnig, cremig, handgemacht – wundervoll.

Flickenschildt

Mundsburger Damm 63, Tel.: 040-2205152
täglich ab 17 Uhr
flickenschildt.com
Kneipe / Restaurant gegenüber dem Ernst Deutsch Theater,
gutbürgerliche Küche. Beliebt bei Theatergästen und Schau-
spielern. Während der Theatersaison vorab reservieren.

Freundlich & Kompetent

Hamburger Str. 13
täglich ab 17 Uhr
www.freundlichundkompetent.de
Sehr nette Bar mit Cocktails, Bier, viel Livemusik quer durch
alle Richtungen und einem entspannten, bunt gemischten
Publikum. Hier ist der Name Programm.

Lüttliv

Maurienstr. 19, Tel.: 040-33422422
Di–So 11–23 Uhr
luettliv.de
Kleines Bistro in der Zinnschmelze auf dem Gelände des
Museums der Arbeit. Die Küche ist nicht überragend, aber die
Atmosphäre macht das wieder wett. Besonders schön ist es, im
Sommer draußen mit Blick auf das riesige Schneidrad TRUDE
und das alte Fabrikgebäude zu sitzen.

Samui Thai Cuisine

Adolph-Schönfelder-Str. 33–35, Tel.: 040-29823380
Mo–Fr 11.30–15 Uhr, 17–23 Uhr, Sa, So und feiertags 12–23 Uhr
www.samui-restaurant.de, vorab reservieren
Hervorragendes thailändisches Restaurant mit authentischen
Zutaten und nettem Personal. Im Nebenraum ein schuhfreier
Bereich mit niedrigen Thai-Tischen.

Zum Genießen
(Spaziergang Barmbek-Nord)

Liegen nicht direkt an der beschriebenen Tour, lohnen aber den kleinen Umweg:

Erdgeschoss Café & Bistro
Alte Wöhr 13a, Tel.: 040-66874097
Mo–Do 11–23 Uhr, Fr, Sa 11–24 Uhr, So 10–20 Uhr
Sympathischer Laden mit selbst gebackenem Kuchen und kleinen Gerichten, in Richtung Stadtpark gelegen. DER Treffpunkt für junge Leute aus der Nachbarschaft.

Gasthaus Quartier 21
Fuhlsbüttler Str. 405, Tel.: 040-57017180
Mo–Sa 9–1 Uhr, So 10–1 Uhr
www.quartier21-gasthaus.de
Lebhaftes Gasthaus im neu hergerichteten Quartier 21, dem Gelände des ehemaligen Barmbeker Krankenhauses. Im großen Gastraum oder auf der schönen Terrasse gibt es Hausmannskost, feine Biere und selbst gebackenes Brot.

Kalliopea
Neue Wöhr 14, Tel.: 040-6310596
Mo–So ab 17 Uhr, warme Küche bis 23 Uhr
www.kalliopea.de
Sehr leckerer Grieche mit einer herzlichen Gastgeberin. Unbedingt die Calamares probieren.

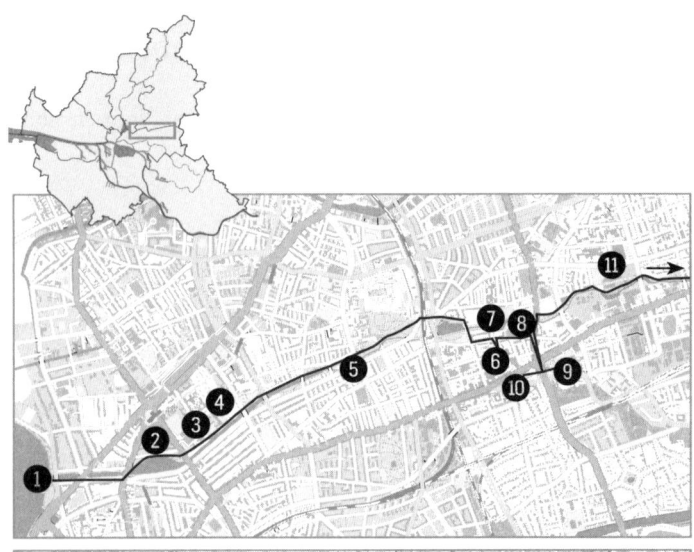

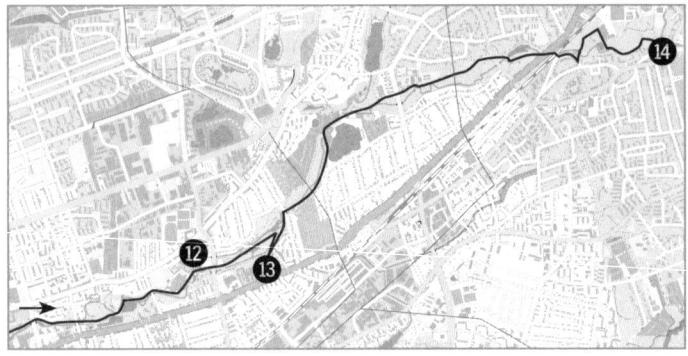

1 Schwanenwikbrücke
2 St. Gertrud mit Luthereiche
3 Hochschule für Bildende Künste
4 ehemaliges Institut für Geburtshilfe
   Finkenau
5 Versöhnungskirche
6 Gedenkstein für Wandsbeker Synagoge
7 Alter jüdischer Friedhof Wandsbek

8   Hamburger Staatsarchiv
9   Christuskirche mit Claudius-Grab
    und Schimmelmann-Mausoleum
10 „Der Ehrensprung"
11 Haus Neuerburg
12 Botanischer Sondergarten
13 KZ-Gedenkstätte Drägerwerk
14 Alt-Rahlstedter Kirche

Immer die Wandse entlang

Wer denkt bei Hamburg nicht gleich an die Elbe, den mächtigen Fluss, der das Leben in der Hansestadt bestimmt? Und an die Alster, die mitten in der Innenstadt zu einem wunderbaren See aufgestaut wurde, auf dem sich die weißen Segel der Boote blähen? Kein Gast in der Stadt, der diese beiden Gewässer nicht besucht. Die anderen Flüsse, etwa die Bille, die Flottbek, die Ammersbek oder die Tarpenbek, sind hingegen nahezu unbekannt.

Die folgende Tour am Flüsschen Wandse entlang ist mit dem Fahrrad problemlos abzufahren. Gelegentlich ist der Weg etwas eng und holprig, aber in der Regel gut befahrbar. Nach ausdauernden Regenfällen kann es allerdings matschig sein. Die meiste Zeit teilen sich Radfahrer und Spaziergänger den Weg, Vorsicht ist also geboten. Wer zu Fuß unterwegs ist, kann die Strecke gut in drei Abschnitte unterteilen, die ersten beiden Teilstücke sind je circa dreieinhalb Kilometer, der letzte rund fünf Kilometer lang. Der Weg verläuft fast die gesamte Zeit direkt oder zumindest sehr nah an der Wandse entlang, ein Verfahren oder Verlaufen ist kaum möglich.

Die Wandse entspringt im schleswig-holsteinischen Örtchen Siek nordöstlich von Hamburg und mündet an der Schwanenwikbrücke in die Außenalster. Insgesamt ist sie zwanzig Kilometer Luftlinie lang, aber das Wasser legt eine sehr viel weitere Strecke zurück, gerade im Oberlauf mäandriert das Flüsschen friedlich durch Wiesen und Felder dahin. Auf seinem Weg zeigt es viele verschiedene Gesichter und hat viele Namen, durchfließt unter anderem den Eichtal-, den Holzmühlen-, den Wandsbeker Mühlen- und den Kuhmühlenteich und nimmt verschiedene kleine Flüsse und Bäche auf. An seinem Lauf standen früher insgesamt acht Mühlen, heute ist es vor allem bei Anwohnern für Spaziergänge, Radtouren oder Grillabende in den Grünstreifen beliebt. Und an der Uferstraße ist der Fluss sogar Wohnort, hier liegen einige Hausboote im Wasser.

Durch die Mitte Hamburgs: von der Schwanenwik bis zum Mühlenteich

Die Radtour (oder auch der Spaziergang) beginnt am Schwanenwik mit den Alsterwiesen und der Plastik *Drei Männer im Boot* von Edwin Paul Scharff von 1953. Genauer: an zwei Brücken, die auch liebevoll die schönen Schwestern genannt werden. Die Schwanenwikbrücke mit ihrem filigranen schmiedeeisernen Geländer, den gewölbten Vorbauten und den hübschen, allerdings nicht originalgetreuen Leuchten überspannt seit 1876 die Wandse unmittelbar an der Mündung. Vor allem am Abend stehe ich gern am östlichen Ufer der Alster und genieße den wunderbaren Blick über den aufgestauten Fluss, wenn im Westen die Sonne untergeht und sich der rosafarbene Himmel im Wasser spiegelt. Ein Stück flussabwärts im Osten komme ich am linken Ufer über die Hartwicusstraße zur steinernen Mundsburger Brücke (erbaut 1871) mit den ehemaligen Schiffsanlegern und Kasematten, wo das Lokal Anleger 1870 seine Tische und Stühle aufbaut. Die Hartwicusstraße geht auf der anderen Seite der Kreuzung weiter bis zur evangelischen St. Gertrud-Kirche (Immenhof), deren

achtundachtzig Meter hoher,
schlanker, bis in die Spitze
gemauerter Turm schon von
Weitem zu sehen ist.

Die erste Gertruden-
kirche stand in der
Innenstadt und fiel 1842 dem
großen Brand zum Opfer.
Diese Kirche mit ihren
vielen Türmchen und Nebenräumen, vor der ich jetzt stehe,
wurde 1882–85 vom Architekten Johannes Otzen im neogoti-
schen Stil entworfen und gilt als bedeutendes Beispiel der Han-
noverschen Schule. Bevor ich den Innenraum betrete, umrunde
ich die Kirche einmal und bewundere ihre fast schon überladen
wirkende Vielseitigkeit und Farbigkeit. Über vierhundertsech-
zig verschiedene Backsteinsorten, unterschiedlich gebrannt
und lasiert, von hellem Rot über Grün bis Gelb, wurden beim
Bau verwendet. Sie bilden Rosetten und hohe, schmale Fenster,
schmücken Pfeiler, Türmchen sowie Erker und machen die
Fassade überschwänglich, lebendig und abwechslungsreich.
Der Innenraum, der im Sommer 2015 komplett erneuert wurde,
ist dagegen fast schlicht, weiß verputzt mit roten, backsteinernen Rippen und Pfeilern, die einen ausdrucksstarken Kontrast
bilden. Die Kirchenfenster in der Apsis stammen übrigens aus
der Kirche St. Nikolai in der Innenstadt. Sie waren im Zweiten

Stele der Heiligen Gertrud mit dem Modell ihrer Kirche

Weltkrieg aus Furcht vor der Vernichtung durch alliierte Bomben ausgebaut und eingelagert worden. Tatsächlich ist die Nikolaikirche komplett zerstört worden. Sie wurde nach dem Krieg auch nicht wieder aufgebaut, die Ruine wurde als Mahnmal belassen. St. Gertrud hingegen hat den Krieg ohne große Schäden überstanden, nur die Kirchenfenster gingen zu Bruch und wurden durch jene aus St. Nikolai ersetzt. Vor der Kirche besuche ich die sogenannte Luthereiche (gegenüber vom Eingang), die in einem Kranz aus acht Steinstelen wächst. Der Baum wurde 1883 zum vierhundertsten Geburtstag Martin Luthers gepflanzt. Allerdings stehe ich vor der Nachfolgerin der ersten Eiche, die in der Nachkriegszeit gefällt wurde. Die Heiligenfiguren der Stelen symbolisieren die Hamburger Hauptkirchen St. Jakobi, St. Katharinen, St. Michaelis, St. Nikolai und St. Petri plus St. Georg, St. Pauli und natürlich St. Gertrud. Diese Figur trägt ein Modell ihrer Kirche in den Händen. In die Steine sind Lutherzitate für die verschiedenen Stationen der Reformation von der Wittenberger Schlosskirche bis nach Eisleben eingemeißelt.

Die Luthereiche im Kranz wichtiger Hamburger Kirchen

Der Weg an der Ger-
trudenkirche führt am
Ufer des Kuhmühlenteichs
entlang, der entstand, als
Wasser zum Betrieb einer
Mühle aufgestaut wurde.
Am Ufer stehen Parkbänke,
Enten und Schwäne paddeln
vorbei: ein erstaunlich idyllisches Plätzchen mitten in der Stadt.
Das ist übrigens wortwörtlich gemeint: Mögen das politische,
wirtschaftliche und touristische Zentrum Hamburgs weiter im
Westen liegen – die geographische Mitte der Stadt befindet
sich hier irgendwo zwischen dem Kirchturm und dem Teich.

Hinter Kirche und Teich leuchten mir bereits die großen
roten Buchstaben HFBK der Hochschule für Bildende Künste
entgegen (Lerchenfeld 2), die ich als nächstes auf meinem Weg
ansteuere. Der repräsentative Ursprungsbau der Kunstgewerbeschule von 1913 stammt von Fritz Schumacher, nach dem Krieg
wurden verschiedene Modifikationen vorgenommen. Vom
Lerchenfeld aus betrat man früher das Gebäude durch einen
Pavillon, heute grenzt dort eine Pergola die HFBK von der
Straße ab. Am Gebäude rechts der Pergola vor dem Eingang
begrüßt mich ein Wandrelief des Bildhauers Richard Luksch,
ein Weggefährte Gustav Klimts. Im Inneren ist die lichtdurchflutete, rechteckige Eingangshalle mit der hohen Treppe
und dem hohen, fünfteiligen Hellglasfenster *Die Schönheit
als Botschaft* von Carl Otto Czeschka besonders sehenswert:

Die lichtdurchflutete Vorhalle der HFBK

schönster, anmutiger Jugendstil. In der Aula der HFBK befindet sich das über vierzig Meter breite Wandgemälde *Die ewige Welle* von Willy von Beckerath, das einmal um den Saal herumläuft und die Entwicklung und den Verfall einer Kultur darstellt. Die Künstler, die die Kunstgewerbeschule mitgestalteten, waren gleichzeitig Lehrer an der Schule: Schumacher bezog sie bewusst in den Bau ein.

In diesem Abschnitt vor der HFBK ist der Kanal übrigens auch Wohnort. Am Ufer liegen mehrere moderne Hausboote, mit denen sich einige Hamburger den (von vielen geträumten) Traum vom Leben auf dem Wasser verwirklichen. Leider gibt es in der Stadt viel zu wenige Liegeplätze, um diesen Wunsch noch mehr Menschen erfüllen zu können.

Zum nächsten sehenswerten und geschichtsträchtigen Gebäude komme ich direkt hinter der HFBK: das ehemalige Institut für Geburtshilfe Finkenau mit Entbindungsstation, Lehr- und Forschungsräumen (Finkenau 35), von Fritz Schumacher 1911–14 erbaut. In früheren Zeiten ein durchaus anrüchiges Haus, fanden doch Entbindungen nur in Ausnahmefällen außerhalb des privaten Heims statt. Und zu diesen Ausnahmefällen gehörten auch uneheliche Geburten. Aber die

Zeiten änderten sich. Immer mehr Frauen wollten Ärzte und Hebammen bei der Niederkunft in der Nähe wissen, und so kamen über die Jahre bis zu ihrer Schließung im Jahr 2000 über 250 000 Kinder in der Klinik zur Welt. Darunter am 23.12.1918 auch der spätere Bundeskanzler Helmut Schmidt. Heute sind in diesem Gebäude Kunst und Design zu Hause: So nutzt zum Beispiel die Hochschule für Angewandte Wissenschaften (HAW) Hamburg die Räume für ihre Fakultät für Design, Medien und Information. Vor dem sehr zurückhaltenden Eingang, der nur mit einfachen Säulen und Reliefs von Kleinkindern geschmückt ist (Schumacher wollte dem umstrittenen Krankenhaus keine übertriebene Ausstattung mitgeben), steht ein Brunnen mit dem Titel *Mutter mit Kind* von Oscar E. Ulmer. Hinter dem Altbau, in dessen Inneren in den Gängen noch die Vergangenheit als Krankenhaus spürbar ist, wurde 2015 ein Neubau mit Mensa und Café (von dessen Terrasse man einen schönen Blick auf den Eilbekkanal hat) eingeweiht. Zwischen Alt- und Neubau nehme ich die Treppe,

Früher Krankenhaus, heute Lehrstätte:
das ehemalige Institut für Geburtshilfe Finkenau

um in den hübschen Innenhof zu gelangen und einen Blick auf die hölzernen Vorbauten im südlichen Bau, die Plastiken im Innenhof und die schönen weißen Balustraden im ersten und zweiten Stock zu werfen.

Und noch ein dritter, aber gleichzeitig ganz anderer Schumacher-Bau steht in der Nähe, gerade einmal vierhundert Meter den Eilbekkanal hoch: die ehemalige Gewerbeschule für Mädchen in der Uferstraße 10. Erbaut wurde diese Schule 1929, und sie ist deutlich als ein Bau der späteren Schaffensphase des Baudirektors zu erkennen: sachlich mit einem flachen Dach und sehr reduziertem Bauschmuck, die Fenster betonen stark die Horizontale. Bis heute hat hier eine Schule ihren Sitz, mittlerweile eine Berufsschule.

Weitere vierhundert Meter geradeaus erweitert sich der Kanal zu einem Wendebecken. Bis 1939 fuhren bis hierher die Alsterschiffe. Heute paddeln höchstens einmal ein paar Kanufahrer vorbei, ansonsten gehört der kleine See den Enten, Gänsen und Schwänen. Auch einen blauen funkelnden Eisvogel habe ich schon beobachten können. Am anderen Ufer des Wendebeckens steht die kleine, eher wenig beachtete evangelische Versöhnungskirche von 1920. Dabei ist das Gotteshaus mit dem hübschen Gemeindehaus, dem schönen Vorhof vor und den drei Reliefs über dem Eingang einen Besuch wert: Der mit warmen Gelb- und Beigetönen gestaltete Kirchenraum wartet mit einem schönen Tonnengewölbe auf.

Der erste Abschnitt der Tour die Wandse entlang endet an der S-Bahn-Station Friedrichsberg. Um dorthin zu gelangen, wechsele ich an der nächsten Brücke wieder auf die andere Uferseite und biege dort rechts in den Park ein, an dessen Ende die S-Bahn-Station liegt. Die Grünanlage ist bei den Anwohnern beliebt zum Fußballspielen, Sonnen und Grillen. Aber selbst wenn an sonnigen Tagen mal mehr los ist, ist das kein Vergleich zum von den vielen Grills völlig verrauchten Alsterufer bei den Alsterwiesen an der Schwanenwik.

Geschichtsträchtiges Wandsbek: auf den Spuren von Matthias Claudius

Die ehemals selbstständige Stadt Wandsbek (1937 mit dem Groß-Hamburg-Gesetz eingemeindet) ist literaturgeschichtlich ein bedeutendes Pflaster. Hier lebte und arbeitete Matthias Claudius, der Redakteur des berühmten *Wandsbecker Boten*, der 1771 am 1. Januar erstmals erschien und im deutschsprachigen Raum schnell zu einer der wichtigsten Zeitungen wurde. Im *Boten* erschienen Texte von Goethe, Lessing, Herder, Bürger und vielen anderen. Trotz des hohen Ansehens blieb der wirtschaftliche Erfolg aus, die Zeitung wurde 1775 eingestellt. Der zweite große Name in der Wandsbeker Literatur ist Johann Heinrich Voß, der zeitgleich und als Freund Claudius' hier lebte und die Arbeit an seiner *Ilias*-Übersetzung begann. Leider wurde Wandsbek im Zweiten Weltkrieg schwer zerstört, und viele Spuren sind auf immer verloren. Dennoch ist Wandsbek stolz auf seine literarische Vergangenheit, insbesondere die Erinnerung an Claudius wird gepflegt.

Für diesen Abschnitt durch einen Teil der Wandsbeker Geschichte verlasse ich die Wandse und mache einen kleinen Abstecher ins Zentrum, kehre aber am Ende wieder an das Flüsschen zurück. Zunächst überquere ich die viel befahrene Kreuzung vor der S-Bahn-Station und biege – ein Stück die gegenüberliegende Stormarner Straße hoch – nach rechts in den kleinen Park ab. In seiner Mitte liegt wieder ein Mühlenteich, die zugehörige Mühle wurde 1906 bei einem Brand zerstört. An seinem Ufer entlang komme ich auf die Wandsbeker Königsstraße, in die ich rechts hinunter gehe und dann rund hundertfünfzig Meter weiter links in die Königsreihe einbiege. Noch einmal etwa hundert Meter weiter zweigt rechts der Dotzauer Weg ab.

Ein paar Meter den Weg hoch steht – ein wenig zugewachsen – ein Gedenkstein für die Wandsbeker Synagoge.

Leider nicht zu betreten, aber gut einsehbar:
der alte jüdische Friedhof in Wandsbek

Ab etwa 1600 siedelten Juden in Wandsbek, das zu dieser
Zeit unter dänischer Herrschaft stand. Der damalige Pächter
Berend von Hagen erteilte ihnen das Privileg zur freien
Religionsausübung, wenn auch gegen Zahlung einer Schutz-
gebühr. In der Königsreihe entstand so ein Ghetto, das lange
Zeit durch eine Schranke vom Rest der Stadt getrennt war.
1840 ermöglichte eine Stiftung den Bau einer Synagoge. In
ihr heiratete übrigens 1886 Sigmund Freud seine Frau Martha
Bernays. Die Wandsbeker Synagoge wurde im Oktober
1938 geschlossen und wie so viele andere am 9. November
verwüstet. 1941 begannen die Deportationen von rund hundert
Wandsbeker Juden. Der Gedenkstein im Dotzauer Weg
erinnert an das Gotteshaus, das hier in der Königsreihe stand
und 1943 bei einem Bombenangriff zerstört wurde.

Ein anderes bedeutendes Zeugnis jüdischen Lebens in
Wandsbek ist dagegen glücklicherweise weitgehend erhalten
geblieben: der jüdische Friedhof, der etwa zweihundert Meter
die Straße hinauf liegt (Kattunbleiche). Zu den den Juden
erteilten Privilegien gehörte seit 1637 das Recht, ihre Toten an
diesem Ort zu beerdigen. 1886 wurde der zu diesem Zeitpunkt

vollständig belegte Friedhof durch einen neuen in der Jenfelder Straße abgelöst. Das Gelände selbst ist abgeschlossen und nicht zugänglich, aber die Umzäunung lässt Blicke auf die noch erhaltenen, windschiefen, verwitterten Grabsteine zu, über achthundert sollen es noch sein.

Unmittelbar an den Friedhof schließt sich das Gelände des Hamburger Staatsarchivs an (Kattunbleiche 19). Der blaue, fensterlose Bau direkt an der Hauptstraße beherbergt seit 1998 die Dokumente der Stadt. Die kalten Farben, die an einen Eisschrank erinnern, sollen den bewahrenden Charakter des Hauses unterstreichen. Ich versuche die großen Faksimiles dreier Dokumente aus der Hamburger Geschichte, die an der Fassade angebracht sind, zu entziffern. Gar nicht so einfach ... Wer es ebenfalls probieren will: Es handelt sich um den Freibrief Kaiser Karls IV., mit dem Hamburg 1365 das Recht erhielt, Messen und Märkte abzuhalten, um die Petri-Bursprake aus dem Jahr 1383 (Burspraken waren Bürgerversammlungen, die der Rat einrief, um Bekanntmachungen und Verordnungen anzukündigen) und um die ersten Artikel der Hamburger Verfassung von 1849.

Des Dichters Matthias Claudius (1740–1815) wird vor allem rund um den Wandsbeker Marktplatz gedacht. Vom Staatsarchiv aus ist die Christuskirche, bei der Claudius und seine Frau Rebekka begraben liegen, rechter Hand bereits zu sehen. Links neben der Kirche an der Wandsbeker Marktstraße befindet sich der kleine historische Friedhof Wandsbek, der etwas heruntergekommen ist, aber seit einiger Zeit wieder hergerichtet wird. Das Claudiusgrab ist etwa mittig am linken Rand des Geländes gelegen. Bei Redaktionsschluss wurden die beiden schlichten Eisenkreuze des Ehepaares gerade restauriert, wann sie wieder aufgestellt werden, ist noch unklar. Zurückkommen werden sie aber in jedem Fall!

Genau gegenüber der Claudius-Grabstelle steht der weiße klassizistische Bau des Schimmelmann-Mausoleums, das ich

als nächstes besuche. Heinrich Carl Graf von Schimmelmann (1724–1782) war Gutsherr von Wandsbek, deutsch-däni-
scher Kaufmann und Herausgeber des *Wandsbecker Boten*,
dessen Redakteur Claudius war. Zu Geld, sehr viel Geld,
kam Schimmelmann vor allem durch den Sklavenhandel und
als Sklavenhalter. Eine Büste, die 2006 zu seinem Gedenken
im gegenüber der Christuskirche liegenden Puvogel-Park
aufgestellt worden war, wurde nach Protesten von Bürger-
rechtsvereinen und Farbbeutelattacken wieder entfernt. Das
Mausoleum, in dem Schimmelmann und seine Frau Caroline
Tugendreich liegen, ist von außen eher schlicht, innen aber
reich mit Marmor und Stuck ausgestattet und in hellen Farben
gestaltet. An einer der Wände ist übrigens ein Claudius-Zitat
angebracht.

An Claudius' bekanntestes Werk, das Abendlied *Der
Mond ist aufgegangen*, das angeblich in Wandsbek geschrieben
wurde (allerdings reklamiert dies auch Darmstadt für sich),
erinnert eine große Plastik des Bildhauers Waldemar Otto
am Eingang zum historischen Friedhof. Es wurde im Januar
2015 zum zweihundertsten Todestag des Dichters eingeweiht.
Wie schön die Stimmung seines Abendliedes in dieser großen
Plastik eingefangen ist: Claudius steht unter einem schwarzen
Himmel und schaut sehnsüchtig auf einen goldenen Mond.
Die ihn umgebenden Sterne stehen genau so, wie sie es an
seinem Geburtstag am 15. August 1740 taten. Im Sockel sind
alle sieben Strophen des Gedichts eingearbeitet. (Wer sich
nicht mehr an alle Strophen des Abendlieds erinnern kann,
findet den Text auf Seite 103.)

Ein zweites Claudius-Denkmal, *Der Ehrensprung* von
Bernd Stöcker, steht seit 2001 auf dem Wandsbeker Markt
gegenüber der Kirche, ein paar Schritte entfernt hinter dem
kleinen Puvogel-Park und dem farbigen Pavillon auf dem
Platz. Es zeigt einen alten Brauch, den der Dichter gerade
vollführt: Claudius ist beim traditionellen Sprung über eines

seiner Kinder zu sehen – eine alte Sitte, mit der ein Neugeborenes willkommen geheißen wurde. Claudius hatte insgesamt zwölf Kinder, von denen eines kurz nach der Geburt verstarb. Zeit seines Lebens hatte der Dichter Geldsorgen, nicht zuletzt seiner großen Familie wegen. Neben der Szenerie liegen die Symbole eines Boten: Hut, Stab und Stock. Auch an weiteren Stellen in der Umgebung sind Gedenktafeln angebracht. Am Gebäude Wandsbeker Marktstraße 123 (im Durchgang zwischen der Filiale der Deutschen Bank und dem Geschäft von Betten Schwen) weist ein Informationsschild darauf hin, dass an dieser Stelle einst das Redaktionshaus des *Wandsbecker Boten* stand. An der Adresse Hinterm Stern 14 lag das Haus, in dem Rebekka Behn, Claudius' Frau, lebte. Und ein paar Schritte weiter, Hinterm Stern 20, war Johann Heinrich Voß zu Hause (beide in der Nähe des jüdischen Friedhofs gelegen).

Nach diesem kleinen Ausflug ins Wandsbeker Zentrum kehre ich am Staatsarchiv vorbei wieder an die Wandse zurück und biege hinter der Brücke nach rechts in Richtung Osten ab. Der würzige Geruch, der ab und zu in der Luft liegt, stammt von der Hefefabrik, die gleich nebenan am anderen Ufer produziert. Und da kommt schon der nächste Teich, an dessen Ende sich hinter den Bäumen ein architektonischer Schatz versteckt: die ehemalige Zigarettenfabrik Haus Neuerburg. Vor allem im Sommer, wenn die Bäume belaubt sind, ist der imposante Bau vom Weg am Flüsschen aus fast gar nicht zu sehen. Für einen besseren Blick biege ich an der nächsten Straße zweimal links ab und gelange so zur Walddörfer Straße. Bemerkenswert ist vor allem der denkmalgeschützte Anbau von 1926/27, der unverkennbar von Fritz Höger, dem Architekten des Chilehauses, gestaltet wurde. Dunkelrote, sich um sich selbst drehende Ziegel bilden meterhohe, schlanke Spiralen, die sich die gesamte ausdrucksstarke Fassade hochziehen; Steine, die wie Zacken kantig und hart aus der Wand hervorbrechen und doch über die ganze

Front weiche Wellen formen. Stünde dieses spektakuläre Haus nicht in dieser etwas abgelegenen Gegend, sondern in der Innenstadt, es würde wohl zu den berühmtesten Gebäuden der Stadt zählen. So aber liegt es wenig beachtet am Weg entlang der Wandse.

Weiter geht es die Wandse hoch in Richtung Kreuz-Kirche und Eichtalpark. Der Park gehörte ursprünglich dem Wandsbeker Industriellen Lukas Luetkens. Er ließ darin ab 1830 Eichen (daher der Name) anpflanzen, deren Rinde und Laub er benötigte, um daraus Gerbstoffe für seine Lederfabrik zu gewinnen. 1926 kaufte die Stadt Wandsbek das Gelände und öffnete es als Park für die Allgemeinheit. Der Eichenbestand litt in der Nachkriegszeit erheblich, etliche Bäume wurde gefällt, aber seit 1960 wurde wieder neu angepflanzt. Heute stehen im Park zehn verschiedene Eichenarten.

Das Ende dieser Etappe meiner Wandse-Tour bildet der 3,3 Hektar große Botanische Sondergarten, der sich ein weiteres Stück flussaufwärts befindet. Durch ein Tor betrete ich das überschaubare Gelände und finde mich sofort in einem kleinen, stillen Paradies wieder, inmitten von Zierbeeten, blühenden Stauden, einem kleinen Rundweg mit Garten-pavillon, Plastiken, Bänken und Liegestühlen, dazwischen – ja was? Haarige Käfer? Schafe mit Fühlern? Na ja, auf alle Fälle lustige Sitzhocker aus Holz. Hinter dem Eingang weist mich ein großer Stein mit dem Wandsbeker Wappen darauf hin, dass Wandsbek zur Zeit der Gründung noch eine freie Stadt war. Im hinteren Teil stehen Gewächshäuser, in

Ein versteckter architektonischer Schatz: Haus Neuerburg

denen viele der exotischen Pflanzen überwintern und in denen ich sogar eine Papaya entdecke, davor summen Bienen in ihren Bienenstöcken. Seiner Vergangenheit als Schulgarten wird der kleine Park bis heute gerecht: Ein großes Programm macht Hobbygärtner fit in Themen wie Stecklingsvermehrung, Wildkräuter und Giftpflanzen. Ein Besuch lohnt sich naturgemäß besonders im Frühjahr und im Sommer, aber für mich hat der Garten das ganze Jahr über seinen Reiz, gerade weil er still und etwas abgeschieden liegt. Der Botanische Sondergarten ist bei den Hamburgern eher wenig bekannt, die meisten Besucher kommen aus Wandsbek und Umgebung. Daher ist er immer ruhig, nie überlaufen – für mich der ideale Ort, um abends mit einem Buch vor der Nase den Tag ausklingen zu lassen.

Zurück in die Innenstadt geht es von hier mit dem Bus von der Ahrensburger Straße. Unmittelbar vor dem Botanischen Sondergarten liegt ein Sportplatz, davor führt ein Weg über eine Brücke in Richtung Ahrensburger Straße.

Abendlied

Der Mond ist aufgegangen,
Die goldnen Sternlein prangen
Am Himmel hell und klar;
Der Wald steht schwarz und
schweiget,
Und aus den Wiesen steiget
Der weiße Nebel wunderbar.

Wie ist die Welt so stille,
Und in der Dämmrung Hülle
So traulich und so hold!
Als eine stille Kammer,
Wo ihr des Tages Jammer
Verschlafen und vergessen sollt.

Seht ihr den Mond dort stehen?
Er ist nur halb zu sehen,
Und ist doch rund und schön!
So sind wohl manche Sachen,
Die wir getrost belachen,
Weil unsre Augen sie nicht sehn.

Wir stolze Menschenkinder
Sind eitel arme Sünder
Und wissen gar nicht viel;
Wir spinnen Luftgespinste
Und suchen viele Künste
Und kommen weiter von
dem Ziel.

Gott, laß uns dein Heil schauen,
Auf nichts Vergänglichs trauen,
Nicht Eitelkeit uns freun!
Laß uns einfältig werden
Und vor dir hier auf Erden
Wie Kinder fromm und fröhlich
sein!

Wollst endlich sonder Grämen
Aus dieser Welt uns nehmen
Durch einen sanften Tod!
Und, wenn du uns genommen,
Laß uns in Himmel kommen,
Du unser Herr und unser Gott!

So legt euch denn, ihr Brüder,
In Gottes Namen nieder;
Kalt ist der Abendhauch.
Verschon uns, Gott! mit Strafen,
Und laß uns ruhig schlafen!
Und unsern kranken Nachbar auch!

Matthias Claudius

Rahlstedts Kirchenschatz

Ziel meiner Tour und dieses dritten Abschnitts ist ein ent-
zückendes kleines Kirchlein mit einer langen Geschichte
in Rahlstedt. Diese Teilstrecke an der Wandse entlang ist
grün und manchmal sogar urwüchsig. Sie bietet viel schöne
Natur, dazwischen aber wird auch einer Außenstelle des KZs
Neuengamme, die in dieser Gegend lag, gedacht.

Gegenüber vom Eingang des Botanischen Sondergartens
führt eine kleine Brücke über die Wandse in Richtung
Rahlstedt (dem Schild „Wandse-Wanderweg" folgen). Nach
achthundert Metern taucht rechts etwas versteckt ein Hinweis-
schild auf, das mir den Weg zur KZ-Gedenkstätte Drägerwerk
(Ahrensburger Straße 162) weist. Ab Sommer 1944 war an
diesem Ort eine Außenstelle des KZs Neuengamme eingerichtet, über fünfhundert Frauen, fast alle politische Gefangene,
die aus Ravensbrück hierher verbracht waren, waren hier untergebracht. Direkt nebenan: eine Niederlassung der Drägerwerke,
in denen die Gefangenen Gasmasken fertigen mussten. Heute
stehen rundherum Wohnhäuser, aber eine kleine Anlage
erinnert an die Opfer, von denen einige durch Misshandlun-
gen verstarben oder bei einem Fluchtversuch getötet wurden.
Auf Informationstafeln werden ihre Schicksale geschildert und
in der Mitte der kleinen Gedenkstätte steht ein Mahnmal,
das von Schülern eines nahe gelegenen Gymnasiums gestaltet
wurde.

Ich kehre wieder auf den ab hier für eine Weile etwas
holprigeren Weg an der Wandse zurück. Üppig grün wird
es jetzt links und rechts des Weges, es geht an Wiesen und
Kleingartenanlagen, an Tümpeln, kleinen Teichen und dem
Tonndorfer Friedhof vorbei. Am Weg liegt auch der Ostender
See, an dem in den Sommermonaten ein kleines Freibad öffnet
(an der Straße Tonndorfer Sand abbiegen). Besonders schön ist
der Natursee am Morgen, wenn nur wenige Besucher vor Ort

sind und das Wasser noch klar ist. Die Anlagen drum herum sind allerdings etwas in die Jahre gekommen.

Hinter einer Kleingartenanlage gabelt sich der Weg, ich folge dem Hinweis „Zwischen den Auen". Nach 1,2 Kilometern gelange ich an den Pulverhofteich, der sich bereits in Rahlstedt befindet. Um den Teich herum liegt ein kleiner Park mit einem noch erhaltenen Herrenhaus aus dem Jahr 1890. Ich umfahre den See im Süden, biege also vor ihm nach rechts ab. Dahinter ist das Ufer des Flüsschens gut zugänglich und die Bemühungen von Naturschützern, das Gewässer zu renaturieren, sichtbar. Steine und Kiesbänke werden eingebracht, um den Flusslauf wieder kurvenreicher zu gestalten. Früher waren in der Wandse Forellen zu Hause – Ziel der Maßnahmen ist, dass sie irgendwann zurückkommen.

Hinter dem Teich nutze ich den schmalen Pfad am Wasser entlang. Achtung: Ab hier ist es sehr eng. Bei Gegenverkehr durch andere Radfahrer und durch Fußgänger kann es schnell zu einem Unfall kommen. Der Weg führt unter der viel befahrenen Stein-Hardenberg-Straße und gleich darauf unter

Eine der ältesten Kirchen in ganz Norddeutschland steht in Rahlstedt

*Detail an der Kanzel in
der Alt-Rahlstedter Kirche*

den Bahngleisen hindurch.
Ein Stück weiter nehme ich
eine scharfe Linkskurve in
den Wandseredder hinein
und folge dem Weg ein
Stück weg vom Wasser bis
zu den Koppeln, auf denen
meist Pferde stehen. In
der dichten Hecke auf der
rechten Seite versteckt sich hinter einem kleinen Durchgang
ein Pfad. Er bringt mich wieder zurück zur sich hier schlän-
gelnden Wandse. Nach einer Linkskurve lugt hinter den
Wohnhäusern auch schon die Turmspitze der Alt-Rahlstedter
Kirche (Pfarrstraße 19) hervor.

In dem kleinen Kirchlein wartet Horst Klöckner auf mich,
pensionierter Lehrer, engagiertes Gemeindemitglied und für
heute mein Führer durch das uralte Gebäude. Das Gotteshaus
aus Feldsteinen (die übrigens nicht massiv sind, sondern nur
Verblendung) stammt aus dem 12./13. Jahrhundert und ist
damit eine der ältesten Kirchen in ganz Norddeutschland.
Vorher stand an gleicher Stelle bereits eine Holzkirche aus
dem 11. Jahrhundert, ein christliches Grab aus der Zeit dieser
ersten Kirche wurde unter dem Altar gefunden. Der Turm,
halb Fachwerk, halb Backstein, ist jüngeren Datums. Im eher
schlichten Inneren zeigt mir Klöckner als erstes den Altar
mit einem Retabel aus der Zeit des Dreißigjährigen Kriegs.
Der Sage nach ließ es ein Bauer aus einem Scheunentor
anfertigen aus Dankbarkeit dafür, dass er den Krieg überlebt

hatte. Auffällig groß für die kleine Kirche ist die Kanzel. „Die stammt eigentlich aus Wandsbek", berichtet Klöckner. „Als dort die Christuskirche neu gebaut wurde, war die Barockkanzel für das Gotteshaus zu klein und wurde an die Kirche in Alt-Rahlstedt abgegeben." An ihr sind die vier Evangelisten mit ihren Symbolen zu sehen, auf dem Schalldeckel sind Engel mit den Marterwerkzeugen Christi angebracht. In jedem Winkel dieses alten Gotteshauses steckt ein kleiner Schatz, verbirgt sich eine Geschichte, die Klöckner erzählen kann. Was es mit dem Doppeladler auf den Leuchtern auf sich hat. Welchen Zweck die niedrige, zugemauerte Tür im Altarraum hatte. Wer auf den Fenstern dargestellt ist. Die hübsche Kirche ist kaum bekannt (welcher Hamburger aus einem anderen Stadtteil verirrt sich schon mal nach Rahlstedt?), aber wer sie einmal entdeckt hat, der ist verliebt: In der Kirche finden besonders viele Hochzeiten statt. Verständlich, finde ich, besitzt sie doch einen ganz eigenen Zauber.

Zum Besuchen

Botanischer Sondergarten

Walddörfer Straße 273, Tel.: 040-6939734
Außenanlage: täglich 7 Uhr bis Einbruch der Dunkelheit
Gewächshäuser und Ausstellung: Mo–Do 7–15 Uhr, Fr 7–14 Uhr
www.hamburg.de/wandsbek/botanischer-sondergarten
Außenstelle des Botanischen Gartens in Groß Flottbek, gepflegte, beschauliche Anlage, ein wunderschönes kleines Fleckchen für eine Pause und Erholung.

Kirche Alt-Rahlstedt

Pfarrstraße 19
jeden 1. So im Monat 14–17 Uhr
www.kirche-alt-rahlstedt.de
Eine der ältesten Kirchen in ganz Norddeutschland. Horst Klöckner (Tel.: 040-6723948) stellt sie nach Voranmeldung gern vor.

Schimmelmann-Mausoleum

Friedhof bei der Christuskirche Wandsbek,
Robert-Schuman-Brücke 1, Sa 12–14 Uhr, im Zweifelsfall
im Gemeindebüro der Kirche nebenan melden
Eine wahre klassizistische Schatzkammer mitten in Wandsbek.

St. Gertrud

Immenhof 10, Tel.: 040-2203353
Di 16–18 Uhr, Fr 10.30–12.30 Uhr, So 14–17 Uhr
www.st-gertrud-hamburg.de
Sehenswerte Kirche mitten im geografischen Zentrum der Stadt, gelegen an einem hübschen Teich. Im Sommer finden davor regelmäßig stimmungsvolle, sehr gut besuchte Flohmärkte statt.

Versöhnungskirche

Eilbektal 33, Tel.: 040-201480
Mi, Fr 19–20 Uhr und zu den Gottesdiensten
Hübsches kleines Kirchlein mit idyllischer Lage direkt am Wasser und einem schönen Tonnengewölbe im Kirchenraum.

Zum Genießen

Leider führt die Tour die Wandse hoch weitgehend durch kulinarisches Niemandsland. Am Beginn gibt es in Alsternähe ein paar nette Cafés und Restaurants, in Rahlstedt wartet eine gute Konditorei. Rund um den Wandsbeker Markt befinden sich viele Restaurants und Cafés, in denen man satt wird, viel mehr sollte man aber nicht erwarten.

Speisewirtschaft Opitz

Mundsburger Damm 17, Tel.: 040-2290222
täglich 12–23.30 Uhr außer Heiligabend und Silvester
www.restaurant-opitz.de, vorab reservieren
Uriges Restaurant im Souterrain mit kleiner Terrasse in der Nebenstraße. Typisch Hamburgische Küche: Labskaus, Pannfisch, Krabbensuppe.

Das Caféhaus

Rahlstedter Str. 68, Tel.: 040-6733234
Mo–So 8–18.30 Uhr
www.dascafehaus.de
Die Einrichtung ist etwas angestaubt und altbacken, aber Kuchen und Torten sind grandios. Das mehrfach ausgezeichnete Caféhaus ist Kult in Rahlstedt und liegt nahe der Alt-Rahlstedter Kirche an der Hauptstraße.

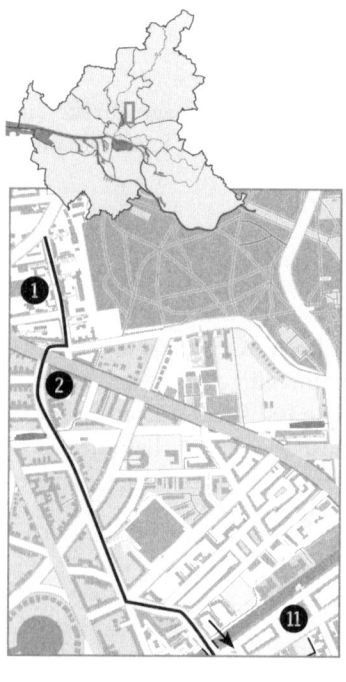
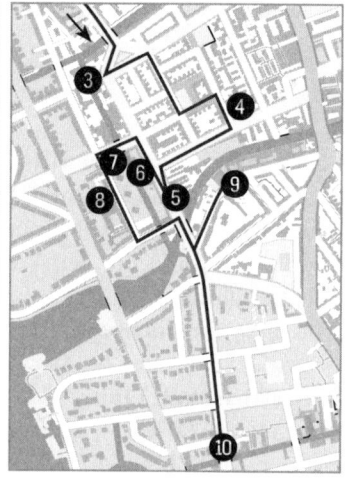

1 Bleicherhäuser
2 Villa Dorotheenstraße 176A
3 ehemalige Fabrik Rieck und Melzian
4 I.T.E.M.S. Afrika
5 Terrassenhäuser
6 Amol-Hof

7 Galerie Paulsen & Paulsen
8 Hinterhof Dorotheenstraße 17
9 Die Remise
10 Hofweg 63A–65A
11 Markt am Goldbekufer

Winterhude
und Uhlenhorst

Winterhude und Uhlenhorst – das sind die beiden noblen, schönen Stadtteile am östlichen Ufer der Alster. Jeder Besucher, der einmal rund um die „Badewanne", wie der aufgestaute Fluss mitten in der Stadt von den Hamburgern auch genannt wird, spaziert ist, kennt die weißen Villen mit den ausladenden Einfahrten in Winterhude, die schönen gründerzeitlichen Etagenhäuser auf der Uhlenhorst. In den kleinen Kanälen sind Kanufahrer unterwegs, auf der Alster gleiten Segelschiffe vorbei, am Ufer des Sees wird gegrillt. Kein Wunder, dass diese beiden Stadtteile zu den beliebtesten in Hamburg gehören.

Überraschend und grün: Hinterhöfe in Winterhude und auf der Uhlenhorst

Man kann ganze Tage allein damit verbringen, in Winterhude und Uhlenhorst durch die Straßen zu laufen und die reichen Details an den meist weißen Häusern, die Ausschmückungen an den Türen und Fenstern, die Ornamente an den Balkonen, Gesimsen und den Erkern zu besichtigen und zu fotografieren. Neben und hinter den glänzenden Fassaden gibt es aber noch eine andere, eine sehr idyllische Seite Winterhudes und Uhlenhorsts: In den Hinterhöfen der Häuser warten versteckt Galerien und Werkstätten von Handwerkern, Cafés und Geschäfte, alte Fabriken, eine Villa und manchmal auch einfach nur hübsche Ansichten auf Besucher. Die Hinterhöfe, die ich auf diesem Spaziergang besuche, liegen etwas verstreut zwischen dem Winterhuder Marktplatz im Norden und dem Uhlenhorster Kanal und stellen nur eine kleine Auswahl dar.

Eine der malerischsten Ecken in ganz Hamburg, ein Sträßchen mit kleinen Bleicherhäuschen, ist die Ulmenstraße, die zwischen Winterhuder Marktplatz und Stadtpark verläuft. In dieser Gegend hatten ab Mitte des 19. Jahrhunderts mehrere Bleicher ihren Sitz, um wortwörtlich die schmutzige Wäsche anderer Leute zu waschen. An manchen Orten sind sogar noch die Schornsteine der Betriebe erhalten geblieben und von der Straße aus zu sehen. Die ganze Ulmenstraße lohnt einen Besuch, aber besonders pittoresk ist die Häuserzeile 33–35. In der kleinen Quergasse, ein kleiner, sich schlängelnder Fußweg, ducken sich winzige weiße Häuschen hinter üppigem Grün. Diese dörfliche Idylle mitten in der Stadt ist längst kein Geheimtipp mehr, und die Bewohner haben die vielen

Kleine Bleicherhäuschen in der Ulmenstraße

Besucher wohl ein Stück weit satt: Ein Tor versperrt mittlerweile den direkten Zugang, lässt aber Einblicke zu.

Waren die Häuschen in der Ulmenstraße eher bescheiden, wartet im Hinterhof Dorotheenstraße 176 A, auf der südlichen Seite des Winterhuder Platzes, eine echte Villa auf mich. Von der Straße aus überhaupt nicht zu sehen, taucht das repräsentative Backsteingebäude von 1912 mit rundem Vorbau und Keramikschmuck vor mir auf, sobald ich durch den Torbogen gehe. Der Entwurf stammte von den Architekten Fränkel und Musche. Die Villa war von einem reichen Plantagenbesitzer mit Besitz in Afrika erbaut und im Inneren sehr reich ausgestattet worden, teilt mir die Eigentümerin mit, aber im Krieg wurde das meiste zerstört und danach in bescheidenerem Maße wieder aufgebaut. Im Gebäude haben die Galerie green-T-room (aktuelle Ausstellungen unter *www.green-t-room.com*) und der Goldbek-Verlag, der Postkarten produziert, ihren Sitz.

Über die Dorotheenstraße laufe ich weiter Richtung Süden, wähle an der Kreuzung mit den fünf Straßen den Poßmoorweg und komme über den Goldbekkanal bis zum Goldbekplatz 2. Zurückgesetzt von der Straße steht im kopfsteingepflasterten Hof das 1908 erbaute, denkmalgeschützte ehemalige Fabrikgebäude Rieck und Melzian, in dem heute Verkaufs- und Büroräume untergebracht sind. Besonders schön und auffällig sind die großen Fenster mit metallenen Streben und das mit Efeu bewachsene Mauerwerk. Am Gebäude sind Spuren der früheren gewerblichen Nutzung erhalten geblieben. Mit den außenliegenden Trägern und Winden wurden Güter in die oberen Stockwerke des metallverarbeitenden Betriebs transportiert. Solche Träger sind noch an vielen anderen Hinterhofgebäuden in der Gegend zu sehen. Die Häuser stehen oft unmittelbar am Wasser und konnten so von Landseite und Wasserseite aus beliefert werden, ein wichtiger Vorteil für die Unternehmen.

Direkt hinter dem Goldbekplatz lockt der Mühlenkamp, das eigentliche Zentrum Winterhudes, mit schicken Cafés, kleinen, feinen Boutiquen, Restaurants und Feinkostläden. Hier treffen sich die kaufkräftigen, stets perfekt gestylten Anwohner zum Shoppen, Flanieren und Ausgehen. Um zum nächsten Hinterhof zu kommen, den ich für meine Route ausgewählt habe, nehme ich aber die Semperstraße, die auf Höhe des Goldbekplatzes vom Mühlenkamp nach links abgeht, und gleich darauf rechts die Schinkelstraße. Auf Höhe der Peter-Marquardt-Straße liegt links der Schinkelplatz mit einem großen Kinderspielplatz, der von einem zauberhaften Ensemble aus gründerzeitlichen Bauten umringt ist. Das andere Ende dieses Platzes bildet die Preystraße, in die ich nach links einbiege, um zur Forsmannstraße zu gelangen.

In der Forsmannstraße 8 B, gleich rechts, liegt Afrika! In dem Hinterhofgebäude leuchtet das Geschäft I.T.E.M.S AFRICA förmlich zwischen den ansonsten weiß verputzten Wänden hervor. Bunte Baumwolltücher liegen neben farbiger, handbemalter Keramik, handgearbeitete Taschen aus Korb stehen neben Dosen reiner Sheabutter, an den Wänden hängen eindrucksvolle Fotografien – alles in hoher Qualität und alles wunderschön. Afrika-Kitsch hat hier keine Chance. Doch in diesem Geschäft geht es um mehr als nur das reine Verkaufen. Axel Oberdörfer, Gründer von I.T.E.M.S AFRICA, will in Ländern vor allem im Süden des Kontinents Arbeitsplätze unmittelbar vor Ort schaffen und setzt dabei auf den Export der dort angefertigten Artikel. Gemeinsam mit Partnern stellt er für die Produzenten die gesamte Infrastruktur – Logistik, Verpackung und Abwicklung vor Ort – zur Verfügung. Mit insgesamt siebenundzwanzig Projekten unterschiedlichster Größe, darunter Einmannbetriebe, kleine Manufakturen und Frauenkooperativen, arbeitet er zusammen, um das regionale Handwerk zu stärken. In der Regel ist Oberdörfer drei- bis viermal pro Jahr vor Ort. „Meist kommen nachwachsende

Rohstoffe und Naturmaterialien zum Einsatz", berichtet er, „etwas anderes steht vielen Produzenten überhaupt nicht zur Verfügung." Dass er mit seinem Geschäft in diesem Hinterhof in Winterhude gelandet ist, sei reiner Zufall gewesen. Ein Glücksfall, finde ich, passen doch dieses Gebäude, dieser Stadtteil und die außergewöhnlichen, schönen Waren ganz vortrefflich zusammen.

Am südlichen Ende der Forsmannstraße wechsele ich auf die Gertigstraße, einer Straße mit vielen Geschäften und Lokalen. Ich gehe nach rechts, um zum Mühlenkamp zurückzukehren, und biege dort links ab. Hinter dem Eckhaus kommt links der Durchgang zur Nummer 12 A, hinter dem sich typische Terrassenhäuser verbergen. Terrassenhäuser waren eine Form der Hinterhofbebauung, die in niedrigerer Höhe quer zum Hauptgebäude in den Hof gestellt und an Menschen aus ärmeren Schichten vermietet wurden. Der Wohnstandard war früher eher gering, aber schon besser als bei den noch engeren und schlechter belüfteten Schlitzbauten. Heute sind die hübschen Wohnungen sehr begehrt, was angesichts der romantischen

Im Winterhuder Weg haben Terrassenhäuser die Zeit überdauert.

*Blick vom Poelchaukamp
auf den Amol-Hof, davor der
Kanal mit Kaffee- und Kuchen-
ausgabe direkt ins Boot*

Ausstrahlung der zweige-
schossigen Häuser mit den
anmutigen Vorgärtchen nicht
verwundert. (Im nächsten
Eingang ist übrigens noch
ein ganz ähnliches Ensemble
zu besichtigen.) Für heutige
Besucher eher befremdlich
anzusehen ist dagegen das alte Werbeschild für „Eternit Asbest-
zementerzeugnisse", das an der Hauswand eines der Häuser
angebracht ist.

Auf der gegenüberliegenden Straßenseite, wieder ein
Stück zurück nach Norden, steht am Mühlenkamp 31 der
Amol-Hof, ein altes Fabrikgebäude. Amol ist ein Heilkräuter-
geist, der zum ersten Mal 1904 von der Vollrath Wasmuth KG
verkauft wurde und bis heute – allerdings von einem anderen
Hersteller – im Handel erhältlich ist. In dem Gebäude sind
mittlerweile Büros untergebracht, aber seine Geschichte ist
noch klar zu erkennen, vor allem an den großen Luken, durch
die früher die Waren ins Innere gehievt wurden. Hinter dem
Amol-Hof fließt der Mühlenbek-Kanal entlang, der vom
Poelchaukamp aus gut zu sehen ist. Dafür gehe ich ein weiteres
Stück den Mühlenkamp hoch, biege links in den Poelchaukamp ein und bleibe auf der Brücke stehen. Von ihr aus werfe
ich einen Blick zurück auf die Seitenwand des Amol-Hofs,
auf der der Markenschriftzug noch einmal auf Fabrik und
Produkt hinweist.

Zum nächsten Hinterhof – und einem besonders skurrilen dazu – geht es gleich durch den nächsten Eingang, der Hausnummer 7 B. Oder vielmehr ist die Toreinfahrt selbst sehr skurril! Großformatige Gemälde mit üppigen, nackten Damen und gut gebauten Herren in Heldenposen, wie von Michelangelo gemalt, sind da im Gang angebracht. Nanu? Das ist doch Veronika Ferres? Und das hier, sind das nicht Brigitte Nielsen und Sophia Loren? Und dort in der Mitte – doch nicht etwa Angela Merkel? K. W. Paulsen, Künstler, Galerist und Inhaber einer Werbeagentur, hat in diesem Durchgang einen Pantheon mit 7 Bildern mit dem Titel *Gott ist eine Frau – Götter und Unsterbliche* angebracht – schräg, hart an der Grenze (oder schon darüber?) zum Kitsch, aber in jedem Fall amüsant. Im Hof hinter dem Eingang verkauft die zugehörige Kunstgalerie Paulsen & Paulsen neben anderen Gemälden auch Kunstdrucke mit Ausschnitten aus dem Eingangsgemälde. Die Tische und Stühle im Hof gehören übrigens zum Café Canale, das Ruderern und Paddlern einen besonderen Service bietet: auf dem Kanal vorbeipaddeln, klingeln und Kaffee und Kuchen zum Mitnehmen direkt ins Bötchen gereicht bekommen.

Der Poelchaukamp ist eine der schönsten Straßen in Winterhude mit vielen kleinen und teuren Geschäften. Die Alster ist nah, und wer immer geradeaus geht, landet über die Gellertstraße und die Fernsicht spazierend an der Krugkoppelbrücke, von der aus der Blick über den See und die Stadt phantastisch ist. Aber es soll bei diesem Spaziergang ja nicht um die Alster gehen, deshalb wende ich mich an der nächsten Kreuzung nach links und laufe die Dorotheenstraße bis zur Nummer 17 hinunter. Hinter dem eher unscheinbaren Durchgang verbirgt sich ein ganzes Häuserensemble, das wohl noch am ehesten einen Eindruck davon vermitteln kann, wie die Hinterhöfe in früheren Zeiten tatsächlich aussahen und genutzt wurden: schlichte Gebäude mit ein wenig rotem Schmuck, dafür mit Krangewinde, großen, hohen Fenstern,

Hier wurde gearbeitet: Hinterhof in der Dorotheenstraße.

die Licht ins Innere lassen, mit großen grünen Toren vor den
Einfahrten und ein paar Pflanzen. In den denkmalgeschützten Stall- und Werkstattgebäuden wurde und wird bis heute
gearbeitet. Ein Restaurator hat hier ebenso sein Geschäft wie
ein Stuhlflechter (schon das allein ist ein kleines Wunder), in
einem anderen Haus werden Klaviere verkauft. Alles ist eher
sachlich und unprätentiös, und genau das macht den Charme
dieses Hofs aus.

Am Ende der Dorotheenstraße gehe ich links über die
Körnerstraße wieder zum Mühlenkamp zurück, überquere
die Mühlenkampbrücke und biege direkt dahinter nach links
in den Hans-Henny-Jahnn-Weg ein, der nun schon auf der
Uhlenhorst liegt. In der Nummer 21 versteckt sich hinter dem
weißen Vorderhaus einer der schönsten Hinterhöfe in diesem
Teil Hamburgs. Der Innenhof ist traumhaft verwunschen, sehr
grün und geschmackvoll dekoriert. Das ehemalige Kontorhaus
aus der Jahrhundertwende hat einen direkten Zugang zum
Osterbekkanal mit eigenem Bootssteg (dort hat jetzt ein Fri-
seursalon sein Zuhause), zur Landseite hin sind wieder ein
Krangewinde und die großen Luken zum Lager zu sehen.
Quer zum dicht mit Efeu bewachsenen Hinterhaus steht ein

In der Remise werden stilvolle Einrichtungsgegenstände präsentiert.

ehemaliger Pferdestall mit großen verglasten Türen und Sprossenfenstern. In dieser Remise hat Inneneinrichter Wolfram Neugebauer den perfekten Rahmen geschaffen, um ausgewählte Möbel und Einrichtungsgegenstände, Einzelstücke und Produkte kleiner Manufakturen zu präsentieren. Als Stylist ist er unter anderem für Wolfgang Joop und Schwarzkopf tätig, immer viel unterwegs und stets auf der Suche nach schönen Objekten. Und was er findet und arrangiert, ist äußerst stilvoll: schwarze, graue, beige-naturfarbene Sessel und Lampen, Kunstobjekte und Accessoires, Wohntextilien und handgearbeitete Keramiken, die Neugebauer extra anfertigen lässt – jedes Stück fügt sich perfekt ein in das Gesamtbild. Mittendrin hat Goldschmiedin Sabine Schwer ihre Werkstatt und stellt schwungvollen, üppigen Schmuck oder auf Wunsch Einzelstücke für ihre Kunden her. Durch Zufall kommt hier niemand vorbei, aber Liebhaber außergewöhnlicher, hochwertiger Wohnaccessoires sollten sich gezielt auf den Weg machen.

Der letzte Hof auf meinem Weg fällt aus der bisherigen Reihe heraus, weil es in ihm keine historischen Bauten zu sehen gibt. Ich besuche den Uhlenhorster Hof am Hofweg 63 A-65 A. Der Hofweg ist die Verlängerung des Mühlenkamps in Richtung Süden. Zwei Dinge fallen sofort auf, wenn man durch den Durchgang tritt: die Tiefe des hinter den Vorderhäusern gelegenen Geländes und die Größe der Wohnanlage, die hier 1996/97 in den zuvor gewerblich genutzten Hof gesetzt wurde. Tatsächlich sind diese Häuser direkt am Wasser Vertreter eines Trends nicht nur in Winterhude und Uhlenhorst: Die Hinterhöfe werden wieder bebaut, allerdings meist so teuer und hochwertig, dass die Wohnungen für die breite Masse der Wohnungssuchenden, und von denen gibt es in Hamburg jede Menge, kaum infrage kommen dürften.

Bei diesem Spaziergang habe ich nur eine kleine Auswahl der vielen Hinterhöfe besucht. Was es in ihnen zu sehen gibt, lässt sich von der Straße aus meist nicht erkennen: manchmal nur ein einfacher Garagenhof, oft aber auch echte Schätze. Wenn der Hof zugänglich und das Gelände nicht privat ist: einfach mal reingehen und sich umschauen!

Atmosphäre pur: Hamburgs schönster Wochenmarkt

Hamburg hat wunderbare Wochenmärkte. In jedem Stadtteil bauen Landschlachter und Bäcker, Käse-, Blumen- und Fischhändler, Verkäufer ausländischer Spezialitäten und vor allem Landwirte aus dem Alten Land oder den Vier- und Marschlande mindestens einmal in der Woche ihre Stände auf. Am berühmtesten und mittlerweile eine echte Touristenattraktion ist der Isemarkt, der dienstag- und freitagvormittags in Eppendorf unter einem Hochbahnviadukt stattfindet. Schöner, weil ruhiger, gemütlicher und ursprünglicher finde ich aber den Goldbek-Markt, auf den sich kaum einmal ein auswärtiger Besucher verirrt. Hierher kommen die Anwohner aus Winterhude, Uhlenhorst und Barmbek, um sich mit frischem Obst und Gemüse direkt vom Bauern einzudecken, bestes Fleisch für den Sonntagsbraten zu kaufen und an einem der vielen Imbissstände einen Plausch mit Freunden zu halten. Und auch wenn man durchaus mal den einen oder anderen in Winterhude ansässigen Promi sehen kann, ist dieser Markt noch weitgehend Schickimicki-frei. „Probieren und einkaufen" statt „sehen und gesehen werden" ist hier das Motto.

Samstagmorgen, kurz vor 10 Uhr am Goldbekufer. Rechts von mir fließt träge das Wasser durch den Kanal, auf der anderen Uferseite werkeln ein paar Männer in kleinen Werften. Ich stehe am Stand Meckman's Muffins an der Ecke zur Geibelstraße ganz am östlichen Ende des Markts am Goldbekufer, wie der Goldbek-Markt offiziell heißt. Vor mir duftet ein frischer, noch warmer Mini-Kuchen, daneben ein Latte Macchiato. Der Muffinstand ist Kult, an ihm beginnt oder endet so mancher Einkaufsbummel. „Habt ihr noch Platz?" Klar doch. Alle am Stehtischchen rücken ein wenig zusammen, und kurz danach ist man auch schon im Gespräch. Hier ist alles etwas kleiner als auf den großen Märkten in Eppendorf oder Wandsbek, aber auch persönlicher.

Allmählich wird es voll zwischen den Ständen entlang des Goldbekkanals, und an einigen bilden sich bereits lange Schlangen. Immer gut besucht: die vielen Obst- und Gemüsestände, die ihre Ware direkt von den Feldern aus dem Umland anliefern. Seit jeher sind das Alte Land südlich der Elbe und die Marsch- und Vierlande im Osten die Gärten Hamburgs, bringen Bauern – früher noch mit „Ewer" genannten Schiffen – ihre Erzeugnisse in die Stadt: Kartoffeln und Mohrrüben, Kohl und Bohnen, Äpfel und Erdbeeren. Heute kommen überall Waren vom Großmarkt dazu. Ananas, Artischocken und Avocados, alles auf den Punkt reif („Für eine Guacamole? Wann machen Sie die denn?"). Letzten Endes nehme ich bei jedem Besuch mehr mit, als ich eigentlich geplant hatte, und bin damit bestimmt nicht allein.

Gerrit Sommer vom Stand der Kräuterhexe bietet Kräuter, Gewürze und auch Exotisches wie Amalfi-Zitronen.

Manche Stände sind schon immer dabei, etwa der Stand Alles Käse, den die Vorbesitzerin als Klapptisch schon 1949 auf den Hamburger Märkten aufbaute. Seit 1978 wird der großartige Käsehandel von der Familie Sembritzki betrieben. Vor ihm bildet sich immer eine lange Warteschlange, manche Käufer stellen sich nur an, um einen Becher des sahnigen Joghurts zu kaufen. Die meisten kommen aber wegen der Auswahl von hundertdreißig bis hundertfünfzig verschiedenen Käsesorten. Eines der vielen Highlights: der würzige Allgäuer Bergkäse aus der Sennerei Untermaiselstein. „Den hat sonst keiner in Hamburg", berichtet Stefan Sembritzki und reicht mir ein Stückchen über den Tresen. Ich probiere, wähle aus, bezahle und spaziere mit meinem wie immer etwas zu groß geratenen Käsepaket davon.

Zu den schönsten Ständen auf dem Markt gehört der der Kräuterhexe. Seit fünfzehn Jahren ist die Familie Sommer mit diesem Stand auf dem Goldbek-Markt, der Vorbesitzer steuert weitere zehn Jahre bei, sodass es an dieser Stelle seit fünfundzwanzig Jahren frische und abgepackte Gewürze und Kräuter gibt. Und die Auswahl ist groß. Dreihundert verschiedene Gewürze sind im Angebot, darunter auch schwer erhältliche wie Ginsengpulver. Etwa zwanzig bis fünfundzwanzig verschiedene Kräuter werden als Bundware, die gleiche Menge noch einmal im Topf verkauft. „Was ich auf dem Großmarkt nicht bekomme, ziehe ich selbst", erzählt Gerrit Sommer und präsentiert mir stolz einen duftenden Strauch Zitronenverbene. Und nicht nur die Nase freut sich, auch für das Auge ist der Stand ein Genuss. Amalfizitronen, Kumquats, Zitronengras, frischer Knoblauch und vieles mehr sind in über siebzig hübschen Weidenkörben drapiert, dazwischen stehen ein üppiger, fast siebzig Zentimeter hoher Minzebusch, Basilikumbäumchen, ein Estragonstrauch … Kein Wunder, dass die Kunden immer wiederkommen.

Weiter geht es zum Fischstand, zu den Pilzen, zur handgemachten, frischen Pasta. Zu den hausgemachten Senfgurken und dem Honig direkt vom Imker. Zwischendurch vielleicht eine Pause mit Galão und Pastel de Nata am Stand der Portugiesen, mit einem heißen Espresso gleich gegenüber oder lieber mit frisch gepresstem Orangensaft vom Obststand? Von Schokoladen und Trüffel ganz im Osten über Biogemüse, griechische Oliven und Wildfleisch in der Mitte bis hin zu feinem Fisch und frischen Blumen ganz am westlichen Ende des Markts – überall duftet und leuchtet es, stehen Häppchen zum Probieren bereit. Trubelig und familiär ist es, wenn die Ware papiertütenweise und mit einem lockeren Spruch an die Kunden gereicht wird. Man kennt sich halt!

Der Goldbek-Markt ist selbst am Samstag mit gut fünfundsiebzig Ständen überschaubar (dienstags und donnerstags sind weniger Stände vor Ort) und ein echtes Paradies für Liebhaber frischer und feiner Lebensmittel. Es ist voll, aber nie hektisch. Auch wenn die Schlangen mal länger sind, bleiben Besucher und Händler gut gelaunt. Und für einen kleinen Plausch ist immer Zeit. Selbst bei Regen ist die Stimmung trotz einigem Gedränge locker, nass wird man auch nicht wirklich – die Gasse zwischen den Ständen ist so eng, dass man schnell von Überdachung zu Überdachung huschen kann. Und wenn das

Hamburger Schietwetter zuschlägt, stellt man sich bei einem der zahlreichen Imbissstände unter, holt sich eine Wurst oder ein Fischbrötchen und wettert den Regen schmausend und entspannt ab.

Zum Besuchen

Die Remise

Hans-Henny-Jahnn-Weg 21, Tel.: 040-4129819
Do–Fr 11–18 Uhr, Sa 10–14 Uhr
(in den Sommermonaten eventuell abweichend)
www.remise-hamburg.de
Zeitlose Möbel und Einrichtungsaccessoires, perfekt arrangiert und präsentiert – in der Remise wird Shoppen zum stilvollen Erlebnis.

I.T.E.M.S AFRICA

Forsmannstraße 8b, Tel.: 040-69086592
Mo–Sa 10–20 Uhr
www.items-africa.com
Einkaufen und gleichzeitig Gutes tun: Hier ist es möglich. Hochwertiges aus Afrika, das sich perfekt zum Verschenken oder Behalten eignet.

Markt am Goldbekufer

Goldbekufer
Di, Do, Sa 8.30–13 Uhr
Große Auswahl und etwas mehr Gedränge am Samstag, dienstags und donnerstags sind weniger Stände vor Ort.

Zum Genießen

Rund um den Mühlenkamp findet sich eine Vielzahl Restaurants, Cafés und Bars, die rund um die Uhr für ihre Gäste da sind. Schön finde ich diese Lokale:

Berglund Bar

Gertigstraße 14, Tel.: 040-60430194
Mo–Do, So 18–1 Uhr, Fr, Sa 18–3 Uhr
Bar im Souterrain, angenehm schummrig, angenehm entspannt, nettes Personal und nettes Publikum. Schöne Bar, um den Tag und den Abend ausklingen zu lassen.

Drei Tageszeiten

Mühlenkamp 29, Tel.: 040-27808182
Mo–Sa 9–23 Uhr, www.3tageszeiten.de
Feines Bistro und Restaurant in einem ehemaligen Postamt, das von früh bis spät Leckeres auf den Tisch bringt.

Frau Larsson

Peter-Marquard-Straße 13, Tel.: 040-76979357
täglich 10–18 Uhr, www.fraularsson.de
Ein Stück Schweden mitten in Hamburg. In dem freundlichen Café gibt es schwedische Spezialitäten, gute Laune und bei Sonnenschein einen tollen Blick von den Bierbänken auf gründerzeitliche Fassaden.

Konditorei Boyens

Hofweg 45, Mo–Fr 8–18 Uhr, Sa 8–17, So 10–17 Uhr,
www.konditorei-boyens.de
Eine der besten Konditoreien in der Stadt. Das Café ist nicht das schönste, aber der Kuchen ist mehr als lecker.
Weitere Filiale (nur Verkauf): Gertigstraße 3
Mo–Fr 8–18 Uhr, Sa 8–17 Uhr, So 10–17 Uhr

Liman Fisch Restaurant

Mühlenkamp 16, Tel.: 040-37085653

Mo–Do 12–23 Uhr, Fr–Sa 12–23.30 Uhr, So 13–22 Uhr

liman-fisch.com, vorab reservieren

Edles Fischfilet in feiner Marinade, auf den Punkt perfekt gegart – mehr braucht es nicht, um Fischliebhaber glücklich zu machen.

Restaurant Trüffelschwein

Mühlenkamp 54, Tel.: 040-69656450

Mi–Fr 12–14.30 Uhr und 18–24 Uhr, Di und Sa 18–24 Uhr

www.trueffelschwein-restaurant.de, vorab reservieren

Hier wird der Gast auf höchstem Niveau, ideenreich und mit viel Esprit verwöhnt. Vom Starter bis zum Dessert kommt eine tolle kulinarische Komposition nach der anderen auf den Teller. Das alles zu sehr fairen Preisen. Am Ende verlässt man das sympathische Restaurant beseelt und pappsatt.

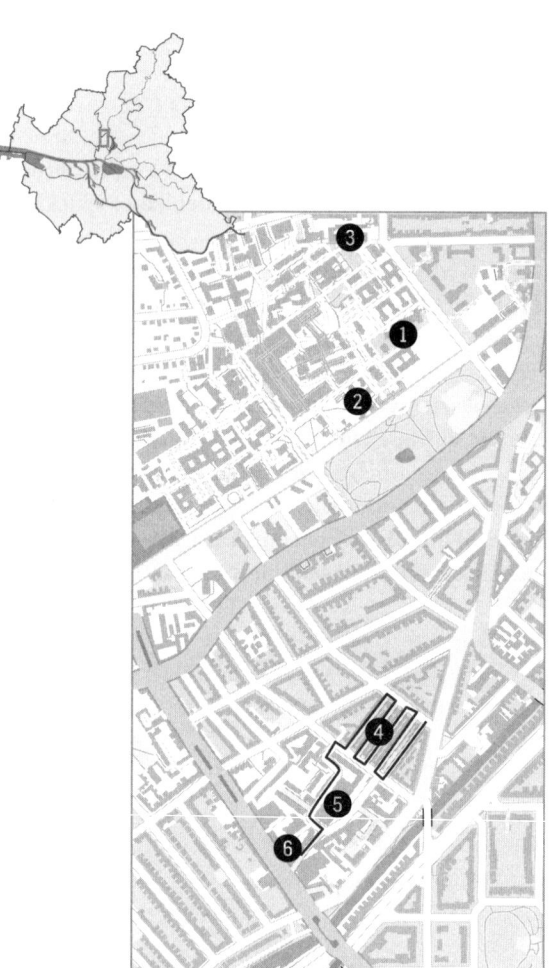

1 Pavillons des Neuen Allgemeinen Krankenhauses Eppendorf
2 ehemaliger Operationsbunker
3 Medizinhistorisches Museum Hamburg
4 Falkenriedterrassen
5 ehemalige Fahrzeugwerkstätten Falkenried
6 Buchhandlung stories!

Eppendorfs stille Ecken

Eppendorf – das ist der Stadtteil der Reichen und Schönen, der teuren Boutiquen und noblen Restaurants, der dicken Autos und der Fahrer, die – ganz Klischee – gern auch mal in zweiter Reihe parken und den Verkehr blockieren. Hierher kommt man zum Edelshoppen, auf einen Cappuccino und um den neuesten Chic auszuführen, zum Sehen und Gesehenwerden. Aber es gibt auch Ecken, die etwas anders sind.

Besuch im Krankenhaus: das UKE mal anders

Ein Krankenhaus als Sehenswürdigkeit? Das ist eher ungewöhnlich. Und es erschließt sich auch nicht sofort, was am Universitätskrankenhaus Eppendorf, dem UKE, denn so besuchenswert sein soll, wenn man vor dem Haupteingang steht. Ein moderner Klinikbau, dazu ein paar weitere Gebäude, architektonisch alles arg zusammengewürfelt, nein, schön ist das UKE auf den ersten Blick nicht. Das ändert sich aber, wenn man auf dem Gelände den östlichen Bereich ansteuert, sich vom Haupteingang aus also rechts hält. Plötzlich steht man vor einer Ansammlung kleiner Häuschen aus Backstein. Es handelt sich um die Überreste des alten Klinikums, des sogenannten

Neuen Allgemeinen Krankenhauses Eppendorf, das am 1. März 1898 eröffnet wurde. Der ärztliche Direktor Heinrich Curschmann hatte darauf bestanden, das Krankenhaus in Pavillonbauweise erbauen zu lassen. Einzeln stehende Gebäude von überschaubarer Größe, die gut zu belüfteten und leicht zu reinigen waren, mit Fußbodenheizung und großen Fenstern, sollten das Infektionsrisiko der Patienten verringern. Kleine Terrassen und ein großzügiger Park ermöglichten den Kranken den Zugang zu Licht und Luft. Daneben wurde noch eine Reihe von Gebäuden für Verwaltung und Technik gebaut. In Eppendorf entstand das damals größte Pavillonkrankenhaus Deutschlands.

So menschenfreundlich das Konzept auch war, in der Praxis erwies es sich als eher unpraktisch. Patienten mussten für Untersuchungen bei Wind und Wetter von einem Pavillon zum nächsten gebracht werden, das Personal hatte weite Wege für die Versorgung der Kranken hinter sich zu bringen. Das Essen kam meist nur lauwarm an den Betten an. Nach dem Zweiten Weltkrieg wurden zerstörte Pavillons daher nicht wieder aufgebaut, sondern durch modernere Klinikbauten ersetzt. Aber ein paar der Häuschen stehen noch heute. Erhalten sind auf dem Gelände unter anderem die Villa des Ärztlichen Direktors (die Häuser des Krankenhauses haben Nummern, die Villa trägt die Bezeichnung O 13), die Villa des Verwaltungsdirektors (O 31), der Operationspavillon mit seinen lichtdurchfluteten Vorbauten (O 36), das Verwaltungsgebäude (O 35) und verschiedene andere Pavillons, in denen heute beispielsweise die Abteilungen der Krankenhausverwaltung oder Dienstleister sitzen. Eines der interessantesten Gebäude auf diesem Teil des Klinikgeländes stammt aber aus einer anderen Zeit. Der sogenannte Operationsbunker (O 29) wurde gemeinsam mit anderen Bunkern während des Zweiten Weltkriegs errichtet. In ihm waren komplette OP-Säle, Aufwachräume, eine eigene Stromversorgung und eine Lüftungsanlage untergebracht,

Aufschrift im OP-Bunker auf dem UKE-Gelände

damit auch während der Angriffe durch alliierte Flieger Patienten versorgt werden konnten. Im Keller gibt es einen unterirdischen Gang, der mit dem Rettungsbunker für Notaufnahmen (O 33) verbunden war. Zu sehr seltenen Gelegenheiten gibt es Führungen durch dieses äußerst spannende Bauwerk mit seiner bemerkenswert gut erhaltenen Ausstattung. Beeindruckend und beängstigend sind die Aufschriften an den Wänden: „Gasschleuse", „Platz für 6 Schwerkriegsbeschädigte" oder „Schlafstätte für den Alarmfahrer". Angeboten werden die Führungen vom Verein Hamburger Unterwelten e. V., zudem sind sie am Tag der offenen Tür des UKE in der Regel im Programm. Auf der Website *www.hamburgerunterwelten.de* werden Termine angekündigt, eine frühzeitige Anmeldung ist erforderlich.

Übrigens: Dass der obere Teil des Bunkers so viel heller ist als der untere, liegt nicht etwa an unterschiedlichen Backsteinen. Nein, die Hamburger hatten nach dem Bau begonnen, mitten im Krieg das Mauerwerk feinsäuberlich zu verfugen. Völlig unsinnig, befand allerdings die zuständige Behörde in Berlin und untersagte diese Arbeiten. Und so blieb der Bunker also zweifarbig.

Das Highlight dieses historischen Teils des Klinikgeländes ist aber zweifelsohne das 1926 eröffnete Institut für Pathologie (N 30.b). Geplant wurde der Bau von Fritz Schumacher, dem er heute auch gewidmet ist. Darin ist unter anderem das kleine, höchst interessante Medizinhistorische Museum Hamburg untergebracht. In den wenigen musealen Räumen werden die Entwicklung der Medizintechnik erläutert, die besonderen medizinischen Herausforderungen gezeigt, die eine Hafenstadt wie Hamburg zu bewältigen hat, und es wird auf die Entwicklung des Krankenhauses selbst eingegangen. Äußerst spannend ist der Saal mit den Moulagen. Moulagen sind Wachsmodelle, die von Patienten abgenommen und anschließend von Experten so bemalt wurden, dass sie das Krankheitsbild genau und dreidimensional wiedergeben. Dokumentiert werden in der Ausstellung die verschiedenen Stadien der Syphilis. Neben den Symptomen wird auch aufgezeigt, wie die Kranken gesellschaftlich ausgegrenzt und medizinisch behandelt wurden. Aber Achtung: Die Objekte sind durchaus drastisch, dieser Saal ist nichts für Zartbesaitete.

Glanzstück des Medizinhistorischen Museums ist der Sektionssaal, in dem acht steinerne Sektionstische stehen, die noch viele Spuren ihrer früheren Nutzung zeigen. Früher wurden hier Leichname untersucht, um die genaue Todesursache zu ermitteln. Allerdings ging es immer um medizinische und nicht um kriminalistische Fragestellungen. Die Ergebnisse konnten im Vortragsraum gleich nebenan Kollegen und Studenten präsentiert werden. Trotz dieser etwas gruseligen Vergangenheit ist der Sektionssaal durch die hohen, milchigen Fenster und Dachfenster sehr hell und licht und überhaupt nicht unangenehm. Er steht heute sogar für Aufführungen und Veranstaltungen zur Verfügung.

Nach dem Museumsbesuch lohnt sich noch ein Abstecher auf die Westseite des Klinikgeländes, zum denkmalgeschützten Schwesternwohnhaus (W 29), einem weiteren Schumacher-Bau.

Das sogenannte Erika-Haus diente als Wohnhaus für die Schwesternschülerinnen, die ebenso wie die ausgebildeten Schwestern einem sehr strengen Regiment unterlagen. Heute nutzt das UKE das Gebäude für Veranstaltungen und Festivitäten. Überhaupt lohnt es sich, das Klinikgelände noch ein wenig schlendernd zu erkunden, denn auch die alten Parkanlagen haben in Teilen überlebt und bieten noch heute viel Grün und Ruhe – nicht nur für Patienten.

Falkenriedterrassen: Hamburgs größtes erhaltenes Terrassenhausensemble

Wer heute durch das glitzernde, reiche Eppendorf geht, kann sich kaum vorstellen, dass der Stadtteil nach dem Krieg zunächst verfiel und später in den 1960er-Jahren zu einem alternativen Stadtteil wurde. Vor allem Künstler, Studenten und ausländische Mitbürger zogen in die Altbauwohnungen ein, renovierten sie und retteten sie so vor dem Untergang. Diese Szene ist heute durch die Gentrifizierung nahezu vollständig verschwunden. Ganz Eppendorf ist fest in der Hand finanzstarker, wohlsituierter Werber, Anwälte und Ärzte. Nur in wenigen Hinterhöfen finden sich noch Spuren des alten Flairs. Und in den Falkenriedterrassen natürlich.

Zwischen den Straßen Falkenried und Löwenstraße entstanden zwischen 1890 und 1903 fünf schmale Durchgänge mit dreigeschossigen Häusern für die Arbeiter der benachbarten Fahrzeugwerkstätten. In den winzigen Wohnungen, gerade mal dreißig bis fünfundvierzig Quadratmeter groß, wohnten

Hamburgs größtes zusammenhängendes Terrassenhaus-Ensemble

ganze Familien, im Erdgeschoss war viel Gewerbe unterge-
bracht (worauf noch Inschriften auf den Häusern hinweisen).
Zur Straße hin liegen – wie bei Terrassenhäusern üblich –
repräsentative, mehrstöckige Etagenhäuser. In den 1930er-
Jahren lebten in den Terrassenhäusern vor allem SPD- und
KPD-Anhänger, und auch während des Kriegs waren einige
der Bewohner der Falkenriedterrassen im Widerstand tätig.
An die Mitglieder der Bästlein-Jacob-Abshagen-Gruppe Erna
Behling, Margit Zinke und Paul Zinke, die in den letzten
Kriegstagen im KZ Neuengamme ermordet wurden, erinnern
Stolpersteine im Falkenried und in der Löwenstraße.

In den 1970er-Jahren war plötzlich vom Abriss der Terrassen
die Rede. Es bildete sich eine Mieterinitiative, um den Erhalt
dieser einmaligen Wohnanlage sicherzustellen (mittlerweile
stehen die Häuserzeilen längst unter Denkmalschutz). Nach
hartem Ringen stand 1990 fest: Eine Mietergenossenschaft
soll die Falkenriedterrassen in eigener Regie verwalten. Die
Sanierung erfolgte mit öffentlichen Mitteln, die Wohnungen
dürfen daher nur an Geringverdiener vermietet werden, eine
Seltenheit im reichen Eppendorf. Mitten in der Stadt ist hier
eine einmalige Idylle entstanden. Ich schlendere am gepflegten
Grünstreifen in der Mitte entlang. Die winzigen Vorgärten
sind bunt und üppig bepflanzt, Gartentische und Stühle
stehen unter Apfelbäumen, große Sonnenschirme spenden
Schatten. Zwischen den Häuserzeilen spielen Kinder auf den
kleinen Grünflächen in Sandkisten und auf Schaukeln. Wer im
Sommer durch eine der kleinen Gassen läuft, trifft immer auf
einen Anwohner, der draußen die Sonne genießt.

Die Fabrik, in der die Arbeiter früher arbeiteten, steht
genau gegenüber: die Fahrzeugwerkstätten Falkenried GmbH
im Straßenbahnring. Dort wurden bis in die 1990er-Jahre
hinein – richtig – Straßenbahnen und Busse produziert und
instand gehalten. Auf dem fünfeinhalb Hektar großen Gelände
sind in den ehemaligen Werkhallen heute Wohnungen, Büros

und Läden untergebracht, doch ihr ursprünglicher Zweck lässt sich an der Architektur noch ablesen. Typische Industriebauelemente sind erhalten geblieben, etwa die Stahlträger, die heute wie Kunstwerke den Eingang zu den Wohnstraßen schmücken. Alles ist sehr schick, sehr teuer und so ganz anders als die gegenüberliegenden Terrassenhäuschen.

Wenn ich in dieser Gegend unterwegs bin, statte ich immer der wunderbaren Buchhandlung stories! einen Besuch ab. Hier werden Bücher präsentiert wie wertvolle Schmuckstücke, einzeln und wie in Vitrinen, ausgewählte Romane, Sachbücher und hochwertige Bildbände. Und weil der Platz eher knapp bemessen ist, geht man an die Decke – mit hohen Regalen und schönen Leitern, die mich an eine Bibliothek erinnern. Am Tresen mitten im Raum lässt sich bei einem Kaffee ganz ausgezeichnet in einem Buch schmökern. Dazu kommt noch ein tolles, abwechslungsreiches Veranstaltungsprogramm. Besonders beliebt: stories! Abendbrot, bei dem zu Wein und Schnittchen Lieblingsbücher vorgestellt werden. Es gehört Glück dazu, einen Platz zu ergattern. Aber es lohnt sich, es immer wieder zu probieren.

Zum Besuchen

Medizinhistorisches Museum Hamburg

Fritz Schumacher-Haus (Haus N 30.b), Martinistraße 52
Tel.: 040-741057172
Sa–So 13–18 Uhr
www.uke.de/institute/medizinhistorisches-museum
Jeden Sonntag gibt es um 15 Uhr eine öffentliche Führung. Spannendes Museum über die Medizingeschichte. Insbesondere die Gefahren, die der Hafen für die Stadt barg, werden beleuchtet. Highlights: der Saal mit den Moulagen und der ehemalige Sektionssaal.

stories! Die Buchhandlung

Straßenbahnring 17, Tel.: 040-43275943
Mo–Fr 9–19 Uhr, Sa 10–17 Uhr
www.stories-hamburg.de
Sehr gut sortierte Buchhandlung, gute Beratung. stories! ist das beste Beispiel dafür, dass auch moderne, junge Buchhandlungen mit viel Charme überzeugen können.

Zum Genießen

In Eppendorf gepflegt und edel essen zu gehen, ist mehr als einfach. Ein gutes Restaurant reiht sich an das andere, liebevoll eingerichtete Cafés und schicke Weinbars wechseln sich ab. Zugpferde sind das Restaurant und die Weinbar von Cornelia Poletto am Eppendorfer Weg und das Sterne-Restaurant Piment im Lehmweg.

Eppendorfer Grill-Station

Eppendorfer Weg 172, Tel.: 040-42326809
Mo–Fr 11–21 Uhr, Sa, So 12–20 Uhr
www.eppendorfer-grillstation.de
Etwas weiter entfernt auf der anderen Seite der Hoheluftchaussee, dafür aber ein echter Kult-Imbiss. Bodenständiges Essen, große Portionen, Hausmannskost. Aufzeichnungsort von Olli Dittrichs *Dittsche – das wirklich wahre Leben.*

Marsbar

Straßenbahnring 2, Tel.: 040-46009950
Mo–Sa 9–24 Uhr
www.marsbar-hamburg.de, vorab reservieren
Bar und Restaurant im ehemaligen Pförtnerhäuschen der Fahrzeugwerkstätten Falkenried mit hohem Promifaktor und einem gewissen Hang zur Schnöseligkeit.

Ufer Café Weinbar

Bismarckstraße 151, Tel.: 040-55891343
Mo–Sa 15–24 Uhr, So und feiertags 10–24 Uhr, Frühstück 10–14 Uhr
www.ufer-hamburg.de, vorab reservieren
Herrlich unprätentiöses, kleines Lokal direkt am U-Bahnhof Hoheluftbrücke. Nettes Personal, sehr leckeres Essen und ein sensationelles Frühstück. Im Sommer sitzt man sehr schön draußen.

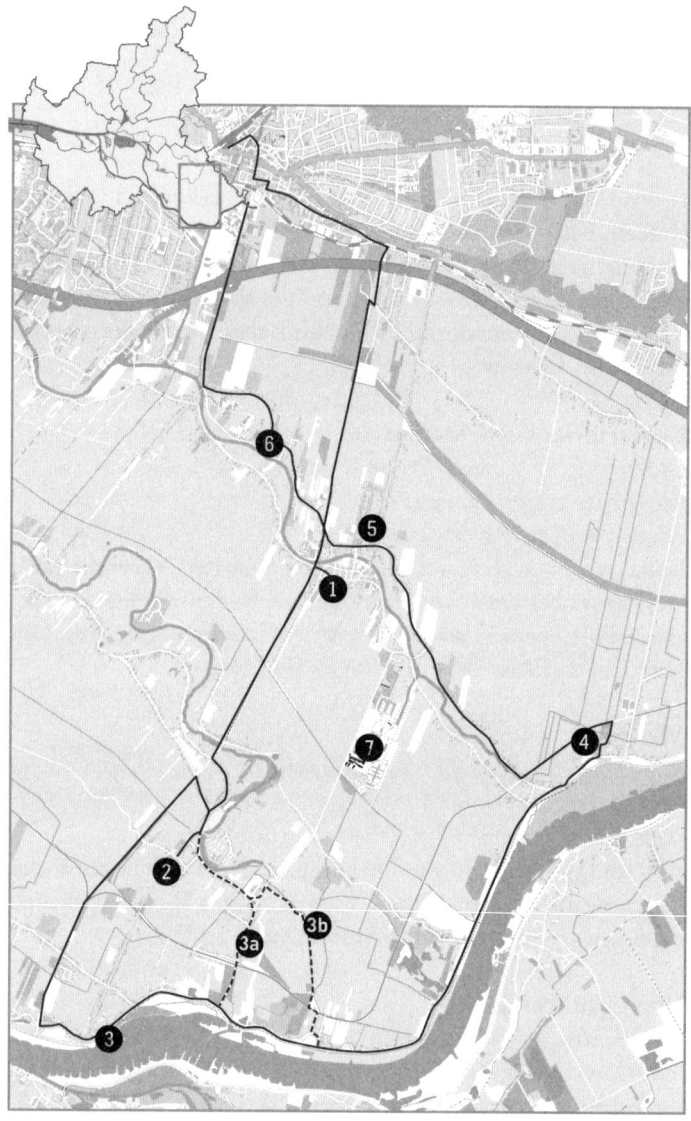

1 St. Johannis zu Neuengamme
2 St. Severini zu Kirchweder
3 Zollenspieker Fährhaus

4 St. Nicolai zu Altengamme
5 St. Johannis zu Curslack
6 Freilichtmuseum Rieck Haus
7 KZ–Gedenkstätte Neuengamme

Abstecher / Alternativen: 3a *Riepenburger Mühle* 3b *Hof Eggers*

Vierlande

Hamburgs weiter Osten

Hamburg ist ein Dorf. Nicht nur, dass die Stadt mit knapp 1,75 Millionen Einwohnern im internationalen Vergleich kaum als Großstadt durchgeht und man im Zentrum mehr oder weniger alles mit dem Fahrrad erledigen kann. In den Vierlanden ganz weit im Südosten des Stadtgebiets, wo gleich nebenan Schleswig-Holstein beginnt und Niedersachsen auf der anderen Seite der Elbe zu sehen ist, da ist Hamburg wirklich ein Dorf. Eines mit alten, reetgedeckten Häusern und windgetriebenen Mühlen. Mit Pferden auf der Koppel, Kühen auf der Weide, Störchen auf der Wiese und Schafen auf dem Deich.

Die Vierlande sind seit jeher Hamburgs Gemüse- und vor allem Blumengarten. Hinter den großen, reetgedeckten Bauernhäusern mit dem ausdrucksstarken Fachwerk und den reichen Schnitzereien liegen bis heute Felder, reihen sich Gewächshäuser, brummen Traktoren im Hintergrund. Das Land, feucht, schwer und fruchtbar, ist durchzogen von Entwässerungsgräben, die das Wasser ableiten, hin zur Elbe im Süden oder zu ihren Nebenarmen Dove Elbe und Gose Elbe, die sich idyllisch durch das Land winden.

Wie Perlen auf der Schnur: die Vierländer Kirchen

Wie es sich für ein Dorf gehört, gibt es eine Kirche. Oder vielmehr gleich vier entzückende alte Dorfkirchen, die sich – eine schöner als die andere – wie bei einer Perlenkette aufreihen. Bei einer Radtour lassen sie sich gut an einem Tag besuchen. Die Radwege zu allen Orten und Sehenswürdigkeiten auf dieser Tour sind ausgeschildert. Besonders schön ist es, auf den alten Dämmen der Marschbahn zu radeln.

Vom Bahnhof Bergedorf aus fahre ich erst einmal durch das Städtchen, das mit seinen Fachwerkhäusern, dem Schloss, der Kirche, der lebendigen Fußgängerzone und der Sternwarte schon selbst einen Besuch lohnt, bis zum Marschbahndamm in Richtung Süden. Am besten folgen Sie der Ausschilderung für Radfahrer: An der St. Petri und Pauli-Kirche biegen Sie in die Vierlandenstraße ein, nach dreihundertfünfzig Metern nach links in die Rektor-Ritter-Straße, nach weiteren zweihundert Metern nach rechts in den Neuen Weg und dann gleich nach links auf den Brookdeich. Nach circa anderthalb Kilometern am Pollhof in Richtung Süden abbiegen und an der Straße Achterschlag bei einer scharfen Doppelkurve auf den Marschbahndamm wechseln. Auf dieser Strecke fuhren bis 1952 die Züge einer Kleinbahn, danach wurden die Gleise abgebaut und die Dämme asphaltiert. Damit bieten die schmalen Wege das ideale Pflaster für Radfahrer. Während ich in Richtung Süden rolle, entfaltet sich um mich herum eine typisch norddeutsche Landschaft: weit, grün und satt, selbst dicke, graue Wolken türmen sich an diesem Tag am Himmel, dazwischen bricht immer wieder die Sonne hervor – alles ist so, wie man sich das platte Land immer vorstellt.

Die erste der Vierländer Kirchen, die ich besuche, ist St. Johannis in Neuengamme. Gleich hinter der Dove Elbe verlasse ich den Marschbahndamm und steuere das Gotteshaus

im Feldstegel an. Die Kirche aus Feldsteinen und Backstein stammt im Kern aus dem 13. Jahrhundert, jünger sind der Chor, der Turm und das Brauthaus. Das ist das kleine Häuschen vor dem Eingang, in dem die weltliche Trauung stattfand, bevor das Brautpaar in die Kirche einzog. Charakteristisch für die Vierländer Kirchen sind die hölzernen, in einigem Abstand frei stehenden Glockentürme (der in Neuengamme wurde bei Redaktionsschluss gerade restauriert). Direkt an die Kirchen angebaute Türme hätten die Statik der Gotteshäuser auf dem weichen Marschboden empfindlich gestört. Den Innenraum betrete ich durch den Vorbau aus rotem Fachwerk und einer blauen, etwas schiefen Tür. Blau ist auch im Inneren der ansonsten vergleichsweise schlicht gehaltenen Kirche die auffälligste Farbe. Weiße Wände, ein hellblaues Tonnengewölbe als Decke, die Empore in Weiß, hellem Grau und Blau: St. Johannis zu Neuengamme ist sehr hell und licht, seit bei einer Renovierung zwischen 1956–61 das Innengestühl und der alte Altar ausgebaut wurden – sie waren vom Holzwurm zerfressen und nicht mehr zu retten. Berühmt sind die feinen Intarsienarbeiten in den Vierländer Kirchen, die auch hier vor allem die Bankwangen zieren. Darüber: skurril anmutende schmiedeeiserne Hutständer, gekrönt von Blumen, Vögeln,

Männern und Frauen. An ihnen wurden früher während des Gottesdienstes die Hüte aufgehängt. Auf den Bänken selbst liegen bis heute personenbezogene Kissen, darunter sogenannte Schrödenkissen (eine Art Patchworkarbeit) mit zwischengefassten Paspeln. Im Kirchenraum ganz hinten links entdecke ich eine kleine Vitrine mit besonders schönen alten Exemplaren. Und dann sind da noch die in dieser Form einmaligen Ätzarbeiten in den ansonsten schmucklosen Kirchenfenstern von St. Johannis. Erstmals wurden solche geätzten Fensterscheiben im 18. Jahrhundert eingesetzt, diese wurden später aber durch Hagel zerstört. Die jetzt vorhandenen Scheiben sind später entstanden, tatsächlich findet man unter ihnen auch solche, die erst kürzlich eingesetzt wurden.

Ebenso schön wie die Kirche sind das zugehörige Pastorat (Feldstegel 18) mit der überbordenden Verzierung, erbaut im Jahr 1906, und die vielen alten, reetgedeckten Fachwerkhäuser. An ihnen vorbei drehe ich noch eine kleine Runde durch Neuengamme, bevor ich auf den Marschbahndamm zurückkehre und in Richtung Süden auf Kirchwerder zurolle.

Dort zweigt hinter der Achterdiekbrücke über die Gose Elbe der Kirchwerder Hausdeich ab, dem ich nach links für etwa einen Kilometer folge und dann nach rechts in den Kirchenheerweg einbiege. Durch das große weiße Holztor betrete ich den bunt bepflanzten, gepflegten Friedhof der St. Severini-Kirche, die ebenfalls aus dem 13. Jahrhundert stammt. St. Severini ist deutlich größer als die Kirche in Neuengamme, sie ist die größte der Vierländer Gotteshäuser. Über tausend Menschen finden hier Platz, nicht nur im ohnehin vergleichsweise geräumigen Kirchenschiff, im Innenraum wurden an der Nordseite, im Anbau sowie über dem Altar Emporen eingebaut. Die Nordempore ist sehr lebendig bemalt und aufwendig mit geschnitzten Säulen versehen. Im Kirchenschiff glänzen zudem zwei mächtige Messingkronleuchter. Eher putzig finde ich ja die Wanduhr, die in der Kirche aufgehängt ist und mit ihrem

„Ticktack" und den Uhrenschlägen zu den vollen Stunden für eine Atmosphäre wie in Großvaters Wohnzimmer sorgt. Die ganze Kirche strahlt den Wohlstand der Bauern der Umgebung aus, die sie mit erbaut haben. Einen Besuch lohnt auch der Friedhof, in dessen einer Ecke der weiß gestrichene Turm mit spitzem Hut – wieder abseits der Kirche – steht. Zahlreiche große, künstlerisch wertvolle Sandsteingrabplatten aus der Zeit zwischen 1586 bis 1751 liegen und stehen hier.

Halbzeit auf der Kirchentour, da wird es Zeit für etwas Abwechslung. Eine der am häufigsten angefahrenen Attraktionen in den Vierlanden ist das Zollenspieker Fährhaus. Dies ist der südlichste Punkt Hamburgs, Ziel vieler Ausflügler, die sich mit Fahrrad, Auto, Motorrad oder auch mit Inlinern immer auf dem Deich entlang auf den Weg machen. Um dorthin zu kommen, kehre ich auf den Marschbahndamm zurück, wende mich wieder nach Süden und lande nach etwa zweieinhalb Kilometern auf dem Kirchwerder Elbdeich, auf den ich nach links einbiege und der mich direkt zum Deich und zum Zollenspieker Fährhaus bringt. Der weite Blick über die Elbe

Der reich ausgestattete Innenraum von St. Severini zu Kirchwerder

Von Zeit zu Zeit noch immer im Betrieb: die Riepenburger Mühle Boreas

und die Deiche, der nette Biergarten und der Wintergarten – das ehemalige Zoll- und Fährhaus ist heute Restaurant, Hotel und DER Treffpunkt in der Gegend, auch am Abend, um bei einem leckeren Cocktail den Tag ausklingen zu lassen. Vom Anleger vor dem alten Fährhaus legt bis heute die Autofähre ins gegenüberliegende niedersächsische Winsen ab, eine wichtige Verkehrsverbindung – die nächste Brücke über die Elbe befindet sich erst im schleswigholsteinischen Geesthacht. Vor allem am Abend, wenn sich die Motorradjungs mit ihren schweren Maschinen am Fähranleger treffen und gleichzeitig die Pendler Auto für Auto auf die Fähre tuckern, sitze ich gern auf einer der Bänke oben auf dem Deich und schaue dem Trubel eine Weile zu.

Wem es im Zollenspieker Fährhaus zu unruhig ist, der kann für eine Pause von Kirchwerder aus auch zum Hof Eggers oder zur Riepenburger Mühle Boreas fahren. Der Weg dorthin führt über den Kirchwerder Hausdeich in Richtung Osten bis an den Kirchwerder Mühlendamm. Zur Riepenburger Mühle geht es hier nach rechts Richtung Süden. Die denkmalgeschützte Mühle ist die älteste und größte Windmühle Hamburgs, erstmals erwähnt im Jahr 1318, in der heutigen Form erbaut im Jahr 1828. Bis heute ist ihr Windmahlgang funktionstüchtig und wird bei Gelegenheit auch vorgeführt, etwa am Deutschen Mühlentag, der jedes Jahr am Pfingstmontag stattfindet, oder ganzjährig und bei ausreichend Wind bei vorab angemeldeten Führungen. Zur Mühle gehört auch ein Mühlencafé, in dem Tee, Kaffee und selbst gebackener Kuchen serviert werden.

Zum Hof Eggers geht es am Kirchwerder Mühlendamm nach links ein Stück Richtung Norden. Noch vor dem Gose-Elbe-Graben zweigt ein kleiner Pfad nach rechts ab, dem Besucher bis zum Ende, bis zum historischen Hof folgen. Das gesamte Gebäudeensemble ist äußerst sehenswert, vom Turmspeicher aus dem Jahr 1535 bis zum geschmückten Fachwerkhaus aus dem 19. Jahrhundert. Heute wird der Hof als Biohof betrieben, er bietet einen eigenen Laden, eine Ferienwohnung und viel Platz für Veranstaltungen. Das Hofcafé öffnet im Sommer und serviert Kuchen aus dem eigenen Backofen – bei gutem Wetter draußen unter uralten Bäumen. Tipp: Auf dem Hof Eggers nistet regelmäßig ein Storchenpaar!

Die nächste Station auf meiner Kirchentour ist St. Nicolai in Altengamme. Wer am Zollenspieker Fährhaus startet,

St. Nicolai zu Altengamme ist die bekannteste der Vierländer Kirchen, …

... winzig, aber voll mit wunderschönen Schätzen.

fährt einfach immer weiter auf dem Deich an reetgedeckten Fachwerkhäusern vorbei in Richtung Osten, bis links
die Straße Altengammer Elbdeich abzweigt. Von hier führt
die Straße Kirchenstegel direkt auf die kleine Kirche zu (der
Weg ist ab dem Deich auch ausgeschildert). Vom Hof Eggers
und der Riepenburger Mühle aus fährt man auf den Wegen
einfach geradeaus in den Süden auf den Deich zu, dort links
abbiegen und ebenfalls bis zum Altengammer Elbdeich radeln.
St. Nicolai ist die bekannteste und die kleinste der Vierländer
Kirchen, eine winzige alte Bauernkirche. Ihr dunkler
hölzerner Kirchturm ist zwar ebenfalls nicht mit dem Schiff
verbunden, steht aber gleich nebenan. Ins Auge fallen sofort
die Brauthäuser, diesmal zwei, die nebeneinander die südlichen
Eingänge der Kirche bilden. Wer hier eintritt, steht überwältigt
in einer barocken Fülle an Schmuck und Verzierung. Trotz der
Enge in der Kirche sind zwei riesige Kronleuchter aufgehängt,
steht ein großes bronzenes Taufbecken mit einem mächtigen
Baldachin im engen Gang, sind dekorierte Emporen und
ein mächtiger Altar enthalten, entfaltet ein üppiger Orgel-
prospekt seine gesamte Pracht. Auch hier sind wieder die
sonderbaren farbigen Hutständer zu finden, mal als Blume,

mal als Tier oder Mensch gestaltet. Besonders sehenswert sind in St. Nicolai die Intarsienarbeiten, so fein, so vielfältig, dass schon sie allein einen Besuch in diesem Kirchlein wert sind. Wie bei den anderen Kirchen auch lohnt sich ein Spaziergang über den gepflegten, ruhigen Friedhof, der die Schönheit von St. Nicolai aufs Feinste unterstreicht.

Es fällt schwer, sich von solch einem wundervollen Fleckchen loszureißen. Von diesem östlichsten Punkt meiner Radtour aus mache ich mich auf den Rückweg und steuere Curslack an. Unmittelbar nördlich von St. Nicolai in Altengamme führt der Altengammer Marschbahndamm entlang, auf den ich nach links einbiege. Kurz danach zweigt rechts der Altengammer Hausdeich ab, der mich unmittelbar zu St. Johannis zu Curslack bringt. Sofort fällt auf, wie eng die Kirche von anderen gepflegten, hübschen Fachwerkhäusern umstanden ist. Der Grundriss des Gotteshauses ist kreuzförmig, die Haube des frei stehenden Turms dieser Kirche ist – anders als bei ihren Schwestern – geschwungen. Im Inneren wird endgültig klar, weshalb jede der kleinen Kirchen über Brauthäuser als Seiteneingänge verfügt: die Kirchbänke sind so eng gestellt, dass zwei Personen nebeneinander, also etwa ein Brautpaar, unmöglich Platz finden. Auch in St. Johannis entdecke ich typische Ausstattungsmerkmale der Vierländer Kirchen: barocke Kanzeln und Orgeln, Intarsien an den Bankwangen und schmiedeeiserne, bemalte Hutständer – darunter dieses Mal unter anderem ein fein gearbeitetes Schiff als Verzierung.

Auf dem Rückweg nach Bergedorf lohnt sich ein Abstecher zum Freilichtmuseum Rieck Haus, das keine zwei Kilometer weiter den Curslacker Deich hoch liegt. Das Rieck Haus ist das älteste und am besten erhaltene Bauernhaus dieser Gegend. Reetgedeckt, mit einem Bauerngarten, einer Mühle, einem abseits stehenden Backhaus und dem offenen Haubarg, also einem überdachten Lager für Heu, schickt es den Besucher

*Ungewöhnlich für die Vierländer Kirchen:
der geschwungene Turmhelm von St. Johannis zu Curslack*

vom ersten Moment an auf eine anmutige Zeitreise. Und dann erst die Innenräume: die kleine, komplett in Blau und Weiß gefliese Stube, Lüttdöns genannt, als Wohnraum der älteren Generation, die sich aufs Altenteil zurückgezogen hat, die große Stube, die Grootdöns, mit den Hühnerbänken, in denen die Stubenküken aufgezogen wurden, die riesigen Truhen als Schrankersatz, die Feuerstelle … Wer sich ein Bild davon machen möchte, wie früher auf den großen Höfen gelebt und gearbeitet wurde, kann tief eintauchen in Geschichte und Geschichten. Auf dem Gelände stehen auch die Körbe von Bienenvölkern, deren schwerer und aromatischer Honig im Museum verkauft wird.

Vom Rieck Haus bis zur Bergedorfer Innenstadt sind es gerade einmal vier Kilometer über den Curslacker Deich und den Curslacker Neuen Deich.

Der tiefe Riss in der Idylle:
die KZ-Gedenkstätte Neuengamme

Bei der Radtour habe ich sie einmal umrundet, die fünfundfünfzig Hektar große Fläche, auf der zwischen 1938 und 1945 das Konzentrationslager Neuengamme seinen Horror entfaltete und auf der heute der Opfer gedacht wird. Einhundertsechstausend Menschen waren hier oder in den Außenstellen in ganz Norddeutschland während der nationalsozialistischen Herrschaft untergebracht, die Hälfte von ihnen überlebte die Haft nicht.

Die Weitläufigkeit des Geländes, die Kälte, die die Gebäude ausstrahlen, die Entfernungen zwischen den einzelnen Informationsschildern, der grobe Schotter zwischen den angedeuteten Baracken – es ist beschwerlich, diese Gedenkstätte zu erkunden. Und es ist die einzig angemessene Art, sich ihr und dem Leid, das sie dokumentiert, zu nähern. Der malerische Flusslauf der Dove Elbe – die Idylle trübt sich ein, wenn einem klar geworden ist, dass der Flussweg von Gefangenen ausgebaut wurde, um das KZ an andere Wasserwege anzubinden. Der Radweg auf den ehemaligen Gleisen, der durch so hübsche Landschaften und Dörfer führt – der Gedanke daran wird bitter, denn die Bahngleise, die zu diesem Damm gehörten, wurden extra verlängert, um Häftlinge in das KZ zu verbringen. Am südlichen Rand des Lagers ist noch einer der Waggons aufgestellt, mit denen die Gefangenen transportiert wurden. Daneben eine Betonplatte, so groß wie der Waggon, mit Fußabdrücken, die zeigen, wie eng die Häftlinge während des oft tagelangen Transports stehen mussten.

Auf dem Gelände stand eine SS-eigene Ziegelfabrik, deren Aufgabe es unter anderem war, Baumaterial für die geplante „Führerstadt Hamburg" herzustellen. Hitler hatte viel vor mit der Hansestadt, deren Architektur den großen amerikanischen Städten Konkurrenz machen sollte. Aus den Plänen des

Architekten Konstanty Gutschow wurde kriegsbedingt glücklicherweise nichts, aber die hier hergestellten Ziegel wurden beispielsweise für Gebäude auf dem Gelände selbst benutzt. Außerdem gab es auf dem Terrain des Konzentrationslagers Flächen, auf denen Ton abgebaut wurde, sowie Fabriken, in denen Zwangsarbeiter Waffen als Nachschub für den Vernichtungskrieg produzieren mussten. Die Arbeitsbedingungen in diesen Stätten waren furchtbar. Die Menschen standen im schweren Schlamm und hoben den Ton von Hand aus. Voll beladene Loren mussten die steile Rampe des Klinkerwerks hochgeschoben werden. Schwerste körperliche Arbeit bei völlig ungenügender Verpflegung und miserabler Unterbringung sowie die Überbelegung in den Baracken führten schnell dazu, dass sich Krankheiten ausbreiteten. Eine medizinische Versorgung gab es schlicht nicht, im Gegenteil, kranke, nicht arbeitsfähige Menschen wurden umgebracht. Auch medizinische Versuche wurden an den Gefangenen vorgenommen (der besonders grausamen Versuche an Kindern wird in der Gedenkstätte am Bullenhuser Damm gedacht, siehe Seite 39).

Mit solchen Waggons wurden die Gefangenen in das KZ transportiert.

Rampe des Klinkerwerks im KZ Neuengamme

Anfang 1945 begann die SS, das Lager zu räumen. Etwa neuntausend Häftlinge wurden auf die Schiffe Cap Arcona und Thielbek in der Lübecker Bucht verbracht – bei einem Angriff der Royal Air Force wurden sie irrtümlich für Truppentransporter gehalten und versenkt, siebeneinhalbtausend Menschen starben. Andere Gefangene wurden noch in den letzten Kriegstagen auf Todesmärsche geschickt. Rund viertausend Häftlinge aus Dänemark und Norwegen wurden vom Schwedischen Roten Kreuz evakuiert und überlebten. Noch Ende April 1945 starben in Neuengamme einundsiebzig politische Häftlinge, die zuvor aus dem Gefängnis Fuhlsbüttel hierher transportiert worden waren, darunter die Angehörigen des Widerstands wie der Bästlein-Jacob-Abshagen-Gruppe, des Hamburger Ablegers der Weißen Rose und der Gruppe Kampf dem Faschismus.

In der Gedenkstätte sind diese und andere Verbrechen, die im KZ geschahen, in mehreren eindrucksvollen Ausstellungen dokumentiert. Auch der Umgang der Stadt Hamburg mit diesem Teil der eigenen Geschichte wird zum Thema. Lange Zeit wurde die Vergangenheit ignoriert, das Gelände wurde sogar wieder als Gefängnis genutzt. Im Haus des Gedenkens und am Mahnmal wird der Opfer gedacht.

Bergedorf-Information
Johann-Adolf-Hasse Platz 1, Tel.: 040-72693324
Di–Sa 10–14 Uhr, www.bergedorf.de
Im alten Hasseturm gleich bei der St. Petri und Pauli-Kirche
gibt es neben vielen Informationen über die Sehenswürdigkeiten in Bergedorf auch eine Fahrradkarte, auf der die Wege
eingezeichnet sind.

KZ-Gedenkstätte Neuengamme
Jean-Dolidier-Weg 75, Tel.: 040-428131500
Ausstellungen Mo–Fr 9.30–16 Uhr, Sa, So und feiertags
April-Sept. 12–19 Uhr, Okt.-März 12–17 Uhr
www.kz-gedenkstaette-neuengamme.de
Bedrückendes Zeugnis für die Verbrechen, die eine vom Ras-
senwahn verblendete Gesellschaft begangen und zugelassen hat.

Rieck Haus
Curslacker Deich 284, Tel.: 040-723 12 23
März-Okt., Di–So 10–17 Uhr
www.bergedorfer-museumslandschaft.de
Besuch in der Vergangenheit. In dem großen Hufnerhaus
taucht der Besucher tief ein in die Lebens- und Arbeitswelt
früherer Generationen.

Riepenburger Mühle Boreas
Kirchwerder Mühlendamm 75a, Tel.: 040-7208950
April-Okt. Di, Do 12–16 Uhr, jeden 1. und 3. So im Monat
13–17 Uhr oder nach Vereinbarung, www.riepenburger-muehle.com
Voll intakte Windmühle, die auch immer wieder in Gang
gebracht wird. Bei Führungen gibt es jede Menge Informationen über das Handwerk des Müllers damals und heute.

St. Johannis zu Curslack

Rieckweg 3, Tel.: 040-72370241
tagsüber in der Regel geöffnet
www.kirche-curslack.de.
Nicht nur die Kirche, auch die sie umrahmenden Gebäude
sind einen Besuch wert – gemeinsam bilden sie ein dörfliches
Ensemble wie aus dem Bilderbuch.

St. Johannis zu Neuengamme

Feldstegel 18, Tel.: 040-7232573
Mo–Fr circa 9–16.30 / 17 Uhr
www.kirche-neuengamme.de
Wenn geschlossen sein sollte, einfach beim Gemeindehaus
nachfragen, sofern das Büro dort geöffnet ist. Besonders schön
sind die Schrödenkissen und die Glasfenster des Gotteshauses.

St. Nicolai zu Altengamme

Kirchenstegel 11, Tel.: 040-7235236
Sommermonate 9–18 Uhr, Wintermonate 9–16 Uhr
kirche-altengamme.de
Das winzige Kirchlein ist der bekannteste Vertreter der
Vierländer Kirchen und eine wahre Schatzkammer.

St. Severini zu Kirchwerder

Kirchenheerweg 6, Tel.: 040-7230202
www.st-severini.de
Highlights des Gotteshauses in Kirchwerder sind die farbigen
Emporen und der Friedhof mit seinen alten Steinplatten.
Besichtigungen sind nach Vereinbarung möglich.

Zum Genießen

In Bergedorf gibt es eine ganze Reihe Restaurants und
Cafés. Wenn der Hunger während der Tour kommt, sind die
folgenden Lokale empfehlenswert.

Café der Riepenburger Mühle

Kirchwerder Mühlendamm 75a, Tel.: 040-73507395
oder 040-72375683, Mi–Fr 14–19 Uhr, Sa, So 12–19 Uhr
Tee, Kaffee und selbst gebackener Kuchen direkt an der Mühle,
gleich neben den Tischen hat der Mühlenladen Verkaufstische
mit feinen Spezialitäten von Honig bis Senf aufgebaut.

Hof Eggers

In der Ohe, Kirchenwerder Mühlendamm 5, Tel.: 040-72377385
Sa, So und feiertags 12–18 Uhr, www.hof-eggers.de
Café in einem uralten Bauernhof mitten im Nirgendwo
zwischen Feldern und Weiden. Sehr leckerer, hausgemachter
Kuchen und ein unnachahmliches Ambiente.

Vierländerei

Kirchwerder Elbdeich 122, Tel.: 040-79319444
Mi–So 12–21 Uhr, www.pensionkirchwerder.de/cafe.html
Café und Restaurant nahe des Zollenspieker Fährhauses in einer
über hundert Jahre alten Bäckerei mit schöner Terrasse, auf der
der leckere hausgemachte Kuchen gleich noch besser schmeckt.

Zollenspieker Fährhaus

Zollenspieker Hauptdeich 141, Tel.: 040-7931330
www.zollenspieker-faehrhaus.de
Das Zollenspieker Fährhaus bietet verschiedene Restaurants
und Bars, die ihre Gäste rund um die Uhr freundlich und
kompetent umsorgen. Besonders schön ist die Terrasse zur
Elbe mit einem grandiosen Blick über die Flusslandschaft.

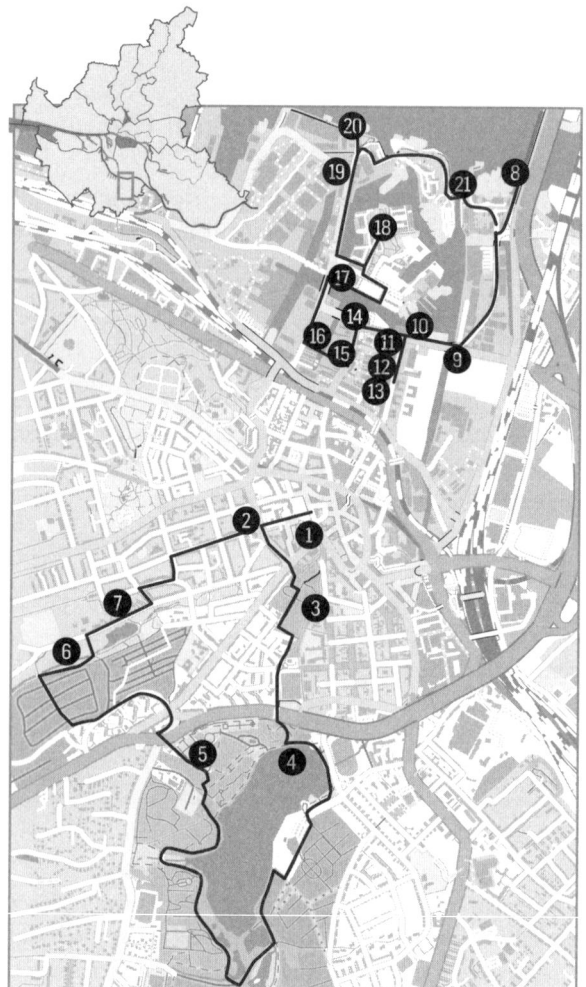

1   Max-Schmeling-Park
2   Archäologisches Museum
    Harburg
3   Alter Friedhof Harburg
4   Außenmühlenteich
5   Harburger Schulgarten
6   Göhlbachtal
7   „Märchenhäuser"
    Mergellstraße

8   Alte Harburger
    Elbbrücke
9   Klappbrücke über den
    Östlichen Bahnhofskanal
10 Kaispeicher
11 Fleethaus
12 Kaufmannshof
13 Silo Hafen Harburg
14 ehemaliges Kontorhaus
    Renck & Hessenmüller

15 Palmspeicher
16 Kaufhausspeicher
17 Kulturkran
18 Harburger Schloss
19 Harburger Fährhaus
    „Bei Rosi"
20 Fähranleger Harburg
21 Harburger Schleuse

Harburgs
romantische Ecken

Viele alteingesessene Harburger hadern bis heute mit dem
26. Januar 1937, dem Tag, an dem von den Nationalsozialis-
ten das Groß-Hamburg-Gesetz erlassen wurde. Mit diesem
Gesetz verlor Harburg seine Selbstständigkeit und wurde
Teil der Stadt Hamburg. Sagt ein Harburger „Ich gehe in die
Stadt", dann meint er die Gegend rund um das Harburger
Rathaus. Will er zur Mönckebergstraße oder zum Jungfern-
stieg, überquert er also die Elbe, fährt er „nach Hamburg".

Den meisten anderen Hamburgern hingegen ist Harburg
herzlich egal, nur wenige verirren sich mal in den Stadtteil
im Süden. Das ist schade, denn so entgehen ihnen nicht nur
das schöne Rathaus, das Archäologische Museum und die
grandiose Sammlung Falckenberg, die in einem alten Fabrikgebäude der Phönix-Werke untergebracht ist, sondern auch der
Außenmühlenteich mit seinen naturbelassenen Ufern und dem
angrenzenden Stadtpark sowie der Harburger Binnenhafen,
der das Herz von Industrie- und Hafenromantikern höher
schlagen lässt.

Ein Spaziergang durch Harburgs Grün

Harburg hat den Ruf, grau, verbaut und vom Verkehr
zerfressen zu sein. Wer durch die Innenstadt läuft und dabei

die Bausünden der letzten Jahrzehnte betrachtet, muss diesem Urteil in weiten Teilen recht geben. Allerdings gibt es noch eine ganz andere Seite Harburgs, eine mit hohen, schattigen Bäumen, saftigen Wiesen, mit seltenen Vögeln und Pflanzen. Vom Harburger Rathaus aus kann man in anderthalb bis zwei Stunden einen Rundgang über den Alten Friedhof, rund um den Außenmühlenteich, durch den Stadtpark und das Göhlbachtal machen, der die meiste Zeit abseits des Verkehrs verläuft.

Den Spaziergang durch Harburgs Grün beginne ich gleich neben dem Rathaus mit seiner prächtigen Neorenaissance-fassade im kleinen, nach der Boxlegende Max Schmeling benannten Park. Er verläuft auf der sogenannten Museums-achse zwischen den beiden Häusern des Archäologischen Museums. In ihm sind ein paar Statuen aufgestellt, etwa die Bronzeskulptur *Der Gießer* von Gerhard Janensch, daneben noch alte Grenzsteine und Findlinge, die in und um Harburg entdeckt wurden. Am anderen Ende des kleinen Parks befindet sich rechts am Museumsplatz 2 das Haupthaus des Museums, das für Sonderausstellungen reserviert ist – hier fand 2014 die aufsehenerregende Ausstellung *Mythos Hammaburg* statt. An der Außenmauer rechts vom Eingangsbereich zur Knoopstraße hin ist der Torbogen des zweiten Rathauses von 1733 eingelassen.

Gegenüber dem Museum steht die ehemalige Harburger Handwerkskammer von 1910, an der vorbei ich in die Knoopstraße und über die Bremer Straße in Richtung Alter Friedhof gehe. Der Vorplatz, der den Friedhof mit der Innenstadt verbindet, wurde 2012 von den Landschafts-architekten Breimann und Bruun mit flachen Betonstufen und Rasenflächen neu gestaltet. Der Friedhof selbst wurde 1828 eingeweiht – damals noch außerhalb der Stadt gelegen – und 1937 stillgelegt. Die letzte Bestattung fand hier in den 1960er-Jahren statt. Danach verfiel der Friedhof, bis sich ein engagierter Verein für seine Neugestaltung und Pflege einsetzte. Heute

ist er ein lauschiger, kleiner Park mitten in der Innenstadt Harburgs, idyllisch und geschichtsträchtig, haben hier doch die bedeutenden und weniger bedeutenden Bürgerfamilien der ehemals selbstständigen Stadt ihre letzte Ruhestätte. Besonders sehenswert sind die sogenannten Echogräber. Das sind reich verzierte, in den Hang eingelassene Gräber, die in dieser Form in Deutschland einzigartig sind. Auf den schattigen Spazierwegen unter den hohen Bäumen und vorbei an den geschmückten, oft mit Statuen versehenen Grabstätten unternehme ich eine Zeitreise durch die Harburger Stadtgeschichte. Senatoren, Fabrikanten, Bürgermeister und Kommerzienräte liegen hier begraben. Prachtvoll ist das Grab des Hamburger Wasserbaudirektors Johann Heinrich Blohm, schlicht dagegen das von August Helms, einem der Gründungsväter des Helms-Museums, des Vorläufers und Schwestermuseums des Archäologischen Museums.

Auf dem Alten Friedhof halte ich mich rechts, bis ich den südlichen Ausgang erreiche. Vorbei am Spielplatz wähle ich den etwas versteckt liegenden Fußweg auf der linken Seite, der mich zur Brücke über den Autobahnzubringer bringt. Gleich dahinter beginnt der Park rund um den Außenmühlenteich, der manchmal auch Harburger Alster genannt wird. Stimmt, er liegt zentral in der Nähe der Innenstadt und er ist – ebenso wie die Alster – entstanden, als ein Fluss für den Betrieb einer Mühle aufgestaut wurde. Das war's aber auch schon mit den Gemeinsamkeiten. Während die Alster von einer Straße umrundet wird und umgeben ist von Villen sowie parkähnlichen Grünanlagen, kommt der Außenmühlenteich in weiten Teilen sehr naturbelassen daher. Der größte Unterschied ist daher die Ruhe. Ich mache meinen Rundgang an einem sonnigen Sonntag und weiß: An der Alster ist jetzt

Aus dem Alten Harburger Friedhof wurde ein stiller, kleiner Park.

halb Hamburg unterwegs. Hier aber begegnen mir deutlich weniger Spaziergänger, die Wege und Ufer sind eher friedlich, nur auf einigen Grünflächen haben Anwohner Picknickdecken ausgebreitet und ihren Grill aufgebaut.

Hinter der Fußgängerbrücke wähle ich den linken Weg und laufe den steilen Abhang hinab. Das Ostufer des Außenmühlenteichs ist durch Cafés, das MidSommerland-Bad und eine Kleingartensiedlung belebter als der Rest des Sees, Kinder spielen auf den Spielplätzen am Ufer, Familien schaukeln mit Tretbooten über das Wasser, Spaziergänger machen auf einer der vielen Bänke Rast. Aber je weiter ich gen Süden und dann um die Spitze herum ans Westufer komme, desto ursprünglicher wird die Natur. Mit etwas Glück kann man Spechte, Rotkehlchen, Nachtigallen und Teichrohrsänger hören. Auch Eisvögel sind ab und zu zu sehen. Hinter dem mit Röhricht bestandenen Ufer schwimmen Enten, Schwäne und Haubentaucher, in ruhigen Ecken warten Reiher geduldig auf Beute. In den Morgen- und Abendstunden lassen sich während der Dämmerung Fledermäuse beobachten. Durch eine Feuchtwiese am Westufer führt ein Holzsteg, der ein Beobachten erlaubt, ohne die Natur zu stören. Highlight in der Fauna ist das unter Schutz stehende Knabenkraut, das nur auf ungedüngtem Boden wächst. Um mich herum ist es still, die lautesten Geräusche sind das Vogelgezwitscher und meine eigenen Schritte. Die Stadt ist nah und doch weit, weit weg.

Am Westufer ist das Land hügeliger, Pfade und Treppenstufen führen den Hang hinauf und vom Wasser weg. Oben gelange ich an Aussichtspunkte mit weiten Blicken über den See. Dieses Gelände gehört schon zum Harburger Stadtpark, der 1926 eröffnet wurde. Seinen Zweck, ein möglichst abwechslungsreiches Gelände für breite Bevölkerungsgruppen zu schaffen, erfüllt er bis heute. Spazierwege führen unter anderem an einer großen Liegewiese vorbei, die für Fußball und zum Grillen genutzt wird, über eine 1926 erbaute Freilichtbühne,

*Paradies nicht nur für Hummeln und
Bienen: die Gärten der Jahrtausende*

die aber aus Lärmschutz-
gründen nur selten bespielt
werden darf, zu einem Was-
serspielplatz für die kleinen
Besucher. Im Norden geht
der Harburger Stadtpark in
den ehemaligen Schulgarten
über. Hinter einem etwas
zerrupft wirkenden Apothekergarten mit Beeten voller
Heilkräuter und einem Blindengarten, in dem gezielt andere
Sinne als die Augen angesprochen werden und der Erläute-
rungen in Blindenschrift bietet, beginnen die sogenannten
Gärten der Jahrtausende, in denen Schmuckgärten durch die
Zeit dargestellt werden. Ich setze mich auf eine der Bänke in
den mit Lauben und Einfassungen aus niedrigem Buchsbaum
gestalteten Gärten. Die Luft über den Beeten summt, zahllose
Bienen und Hummeln sitzen auf den Rosen und dem Lavendel.
Bemerkenswert ist der Baumbestand ein Stück weiter östlich.
Der Harburger Stadtpark besitzt eine eigene dendrologische
Sammlung, eine entsprechende Informationstafel listet über
achtzig verschiedene Baumarten auf.

Um zum Göhlbachtal zu wechseln, nehme ich eine Unter-
führung in der Nähe der Gärten der Jahrtausende, die mich zum
Marmsdorfer Weg bringt. Geradeaus führt der Gottschalk-
ring in eine Hochhaussiedlung, einer der wenigen Abschnitte
dieses Spaziergangs an einer Straße. Rechts liegt ein Klein-
gartenverein, an dem entlang ich bis in den Reiherhoopweg

gehe und dort auf den Weg nach rechts in Richtung Norden abbiege. Auf der anderer Seite des Vereins liegt – unspektakulär, aber grün und idyllisch – das schmale Göhlbachtal, das den Ortsteil Eißendorf mit dem Harburger Zentrum verbindet. Wieder gehe ich rechts und komme nach etwa dreihundert Metern zum Lohmühlenteich. Hier wechsele ich auf die Straße Göhlbachtal und nehme auf der gegenüberliegenden Straßenseite hinter dem Grünstreifen die Hirschfeldstraße hoch zur Mergellstraße, in der wahrhaft märchenhafte Häuser stehen. In die Fassaden des Wohnblocks der Mergellstraße 8–20 sind rund um die Balkone Reliefs eingelassen, die typische Szenen aus bekannten Märchen zeigen: Rotkäppchen und der böse Wolf, Brüderchen und Schwesterchen, Dornröschen, Schneewittchen und die sieben Zwerge … Sehenswert ist auch der Wohnblock genau gegenüber, der schon mit seiner aufwendigen Rotklinkerfassade zeigt, dass er für „Besserverdienende" gedacht war.

Der Rundgang ist an dieser Stelle schon fast zu Ende. Nach ein paar Schritten biegt links von der Mergellstraße die

Rotkäppchen und der böse Wolf am Märchenhaus in der Mergellstraße

Barlachstraße ab. An der Kreuzung zur Marienstraße gehe ich nach rechts und gelange so wieder zum Archäologischen Museum und zum Rathaus und damit an den Ausgangspunkt meines Spaziergangs zurück.

Der Harburger Binnenhafen

Der Binnenhafen war lange Zeit Harburgs industrielles Herz. Verschiedene gummiverarbeitende Betriebe, eine Saft- und Limonadenfabrik, zahlreiche Schiffswerften und Maschinenbauunternehmen, insbesondere aber Ölmühlen und Fabriken zur Verarbeitung von Pflanzenölen siedelten im 19. Jahrhundert im Hafen. Zwar konnte der nie mit der großen Konkurrenz in Hamburg mithalten, bot ansässigen Betrieben jedoch einige Vorteile. Er ist von der Süderelbe mit einer Schleuse getrennt und damit anders als der Hamburger Hafen tidenunabhängig. Er war gut an das Eisenbahnnetz angebunden und vor allem: Harburg war Mitglied im Deutschen Zollverein. Die hier produzierten Waren konnten also zollfrei weiterverkauft werden. Viele Hamburger Unternehmen nutzten dies und verlegten ihre Fabriken auf die andere Seite der Elbe, darunter die New-York Hamburger Gummi-Waaren Compagnie (deren Stammhaus in Barmbek-Süd stand, siehe Seite 67). Im Zweiten Weltkrieg wurden viele dieser Betriebsstätten zerstört. Harburg galt als kriegswichtig und war so zum bevorzugten Ziel für die alliierten Bomber geworden. Nach dem Krieg gab es noch einmal einen kurzen Aufschwung, aber spätestens seit den 1960er-Jahren geriet der Binnenhafen immer mehr ins Abseits. Ansässige Unternehmen stellten nach und nach ihren Betrieb ein, die Gegend verfiel und wurde zum Problemviertel.

Bis 1990 die Stadt Hamburg einen Entwicklungsplan aufstellte, um das Gebiet an der Süderelbe wiederzubeleben

Eines der bekanntesten Fotomotive der Stadt: die Alte Harburger Elbbrücke

und für Investoren attraktiv zu machen. In alte Speicher
sind junge Unternehmen und teils erstklassige Restaurants
eingezogen, daneben bieten moderne Neubauten zahlreichen
Technologieunternehmen beste Bedingungen. Im Binnenhafen
haben die Akademie Hamburg für Musik und Kultur sowie die
umtriebige Kulturwerkstatt Harburg ihr Zuhause, im Mai 2015
hat mit dem Speicher am Kaufhauskanal eine sehr stimmungsvolle Location für Konzerte und Lesungen eröffnet. Und die
Entwicklung ist noch lange nicht zu Ende.

Eines der bekanntesten Baudenkmäler Harburgs ist die Alte
Harburger Elbbrücke, die seit 1899 die Süderelbe überquert
und an der ich meinen Rundweg (am besten als Fahrradtour
geeignet) beginne. Die grazile Stahlkonstruktion mit den
massigen Sandsteinportalen an den Enden war die erste Stra-
ßenverbindung von Harburg nach Wilhelmsburg (beider
Wappen sind an den Portalen befestigt). Benutzt werden darf
sie heute nur noch von Fußgängern und Radfahrern, allerdings
führen direkt daneben eine Straßen-, eine Autobahn- und eine
Eisenbahnbrücke ebenfalls über den Fluss. Wer sich gefragt
hat, wie Hamburg auf insgesamt über zweitausendfünfhundert
Brücken im Stadtgebiet kommt: Hier ist eine Antwort. Der

Weg bis nach Wilhelmsburg ist etwa vierhundertachtzig Meter lang und lohnt allein für die schönen Blicke auf das Wasser und die Uferbereiche zu beiden Seiten – von den Fotomotiven, die die Brücke selbst bietet, ganz zu schweigen. Auf Harburger Seite führt mich mein Weg geradeaus durch ein Industriegebiet weiter bis an die Ecke Nartenstraße / Neuländer Straße auf das leerstehende Gebäude der ehemaligen Harburger Gummi-Kamm-Fabrik zu, die später in der New-York Hamburger Gummi-Waaren Compagnie aufging. Dass die Entwicklung des Harburger Binnenhafens noch lange nicht abgeschlossen ist, wird an dieser Stelle besonders deutlich. Was allerdings mit dem großen Gelände und der beeindruckenden Backsteinarchitektur geschieht, steht derzeit völlig in den Sternen. Das Denkmalschutzamt will das Ensemble erhalten, die Gesundheitsbehörde hat krebserregende Stoffe entdeckt und will alles am liebsten abreißen.

Beeindruckend ist die Klappbrücke mit dem viertelkreisförmigen großen Drehrad, die rechts von mir den Östlichen Bahnhofskanal überquert. Das Technikdenkmal, 1933 / 34

Technikdenkmal im Harburger Binnenhafen: die
Klappbrücke über den Östlichen Bahnhofskanal

erbaut, war zur damaligen Zeit eine der größten Klappbrücken Deutschlands. Derzeit wird die Brücke saniert, dabei wird leider die Klappfunktion verloren gehen. Dieses Festsetzen hat dramatische Folgen für den dahinterliegenden Kanal, denn größere Schiffe werden die Brücke nicht mehr passieren können, und es droht eine Verlandung. (Das gleiche Schicksal droht übrigens auch und gegen den heftigen Widerstand der ansässigen Unternehmen der Klappbrücke über dem Westlichen Bahnhofskanal.) Überhaupt ist in diesem östlichen Bereich des Binnenhafens noch alles in Bewegung. Es gibt viele Überlegungen und Pläne, diesen Teil neu zu gestalten. In ein paar Jahren wird es in der Gegend voraussichtlich ganz anders aussehen.

Sehr viel weiter ist die Entwicklung am Veritaskai, der an den Lotsekanal angrenzt. Auf der rechten Straßenseite (Veritaskai 1–3) wurde ein ehemaliger Speicher zu einem Bürohaus, dem Kaispeicher, umgebaut. An den Altbau wurde ein moderner Komplex angebaut. Dass man in diesem Gebäude stolz ist auf die industrielle Vergangenheit, sieht man sofort, wenn man das Gebäude des Bureau Veritas (Veritaskai 1) vorbei an einer Schiffsschraube betritt und im Inneren die alten Schütttrichter und Maschinen des ehemaligen Getreidelagers erscheinen. Leider darf im Gebäude nicht fotografiert werden.

Genau gegenüber beginnt der Schellerdamm, eine sehr spannende Straße mit zahlreichen interessanten Gebäuden. Es beginnt mit dem Eckhaus, ein Fleethaus, in dem von 1883 an der Harburger Mühlenbetrieb seinen Sitz hatte. Die ehemalige Funktion des Gebäudes als erste industrielle Mühle Harburgs ist unschwer zu erkennen: Über der Eingangtür und an den Fenstern leuchten goldene Ähren. Heute sind auch hier Büros (und Parkplätze) untergebracht, in der Ecke im Erdgeschoss residiert das Restaurant Nordlicht. Im Binnenhafen wurde aber nicht nur gearbeitet, sondern auch gewohnt, das beweist der Kaufmannshof am Schellerdamm 2 A von 1845 gleich hinter

Spektakuläre Architektur:
Silo Hafen Hamburg

der Mühle. Die Fassade ist
verputzt und mit repräsentativen Rundbögen über den
Fenstern versehen. Hinter
dem Gebäude führt ein
kleiner Weg nach rechts bis
an den Westlichen Bahn-
hofskanal – wo das Gebäude
dann die unverputzte Rotklinkerfassade und noch deutliche
Spuren der Windenvorrichtungen zeigt. Vorn im repräsentativen Teil zur Straße wohnen, hinten im Lager und Kontor
arbeiten, diese Kombination unter einem Dach war lange
typisch für Handelsfamilien.

Ein größerer Gegensatz als der zwischen dem historischen
Kaufmannshof und dem sich direkt anschließenden Gebäude
Silo Hafen Harburg (Schellerdamm 16) ist kaum denkbar.
Allein die Größe! Vierzehn Stockwerke hoch ist das Bürohaus.
Kantig, großflächig verglast und vor allem spektakulär. Der
Bau ist 2003 aus einem ehemaligen Getreidesilo aus dem
Jahr 1935 heraus entstanden. Sechs der ursprünglich sechzehn
Silokammern wurden in das Bauwerk einbezogen, entkernt
und mit Fenstern versehen, dazwischen und drum herum viel
Stahl und Glas gesetzt. Den Architekten ist das Kunststück
gelungen, das Gebäude so umzugestalten, dass es modernsten
Ansprüchen genügt und gleichzeitig starke Erinnerungen an
seine eigene industrielle Vergangenheit weckt. Das Restaurant
Silo 16 im Erdgeschoss am Kanal bietet einen Blick auf einige

beim Umbau erhalten gebliebene Bauelemente der Silos, die hohen Decken, die Schüttkuppel und die Träger aus rohem Beton. Allein das Ambiente rechtfertigt den Besuch.

Die andere Straßenseite des Schellerdamms ist weniger spektakulär, hier entstehen Wohnungen, ein großer Teil ist für Studenten der TU Harburg vorgesehen. Am südlichen Ende des Schellerdamms erinnern noch ein alter Lokschuppen und Gleisreste in Kopfsteinpflaster daran, dass diese Ecke des Hafens einmal Bahngelände war.

Wieder zurück zum Veritaskai biege ich nach links ab und komme über die Brücke über den Westlichen Bahnhofskanal zum Kanalplatz. Von der Wasserkante des Lotsekanals aus kann ich nicht nur die Rückseite des Kaispeichers betrachten, sondern auch einen Blick auf das gegenüberliegende, nördliche Ufer mit den dort erhaltenen Werftanlagen, den Lagerschuppen und dem sogenannten Kulturkran werfen. Der knallgelbe Liebherrkran ist ein Projekt der Kulturwerkstatt Harburg, das das Ziel hat, dieses Denkmal aus der industriellen Hochzeit Harburgs funktionsfähig zu erhalten. Gelegentlich ist der Portaldrehkran noch im Einsatz, etwa um bei einem Segelboot den Mast aufzurichten, erzählen mir Mitglieder der Kulturwerkstatt. Rundherum finden immer wieder Veranstaltungen statt und manchmal, etwa zum Binnenhafenfest, ist das Industriedenkmal sogar für Besucher geöffnet. Wer das Glück hat, dann im Binnenhafen unterwegs zu sein, sollte sich unbedingt einen der angebotenen Bauarbeiterhelme schnappen und hochklettern. Nicht nur, dass ein Besuch im Inneren sehr spannend ist und die Mitglieder der Kulturwerkstatt geduldig die Funktionsweise erklären: Der Blick über den Hafen aus der komplett verglasten Fahrerkanzel ist sagenhaft.

Aber noch stehe ich am Kanalplatz am südlichen Ufer des Lotsekanals. Von hier legten ganz früher die Schiffe ab, mit denen Reisende von Harburg nach Hamburg kamen. Von hier brach 1805 auch Joseph von Eichendorff in Richtung Hansestadt

Reinschnuppern in ein altes Kontorhaus

auf und schrieb: „Endlich war der Tag da, an dem wir das längstersehnte Hamburg sehen sollten. [...] Wir bestiegen das Packetboot und glitten nun über die silberne Fläche dahin. Es war einer der schönsten Morgen meines Lebens. Rechts streckten sich liebliche Landschaften mit Dörfern, Pavillons und holländischen Mühlen, links eine Menge kleiner Inseln mit Schwänen, neben uns flogen Boote mit rothen Segeltüchern und tacktmäßigem Ruderschlag vorüber." Heute sieht es allerdings anders aus. Der Binnenhafen Harburg ist noch ein echter Hafen, geprägt vom Schiffshandel und von Werften, von Lagerhallen und Industrie, den vielen Bürogebäuden zum Trotz.

Sehenswert sind am Kanalplatz die Gebäude Nr. 6 und 8, in denen früher das Kontor der Reederei Renck & Hessenmüller untergebracht war. Heute ist hier die Kulturwerkstatt Harburg zu Hause. Hinter dem Hauseingang Nr. 6 weist mir ein freigelegtes Firmenschild der Reederei und Spedition den Weg: Ich klopfe an die Tür links und trete vorsichtig ein – das alte Holzparkett ist eine echte Stolperfalle. Marita Schillerwein, Veranstaltungsorganisatorin der Kulturwerkstatt, kommt mir entgegen. In den Innenräumen dieses schönen

Gebäudes ist die alte Einrichtung des Kontors noch in weiten Teilen erhalten, und ich bin mit Frau Schillerwein verabredet, um sie zu besichtigen. Das Schmuckstück des Hauses steht gleich hinter dem Eingang: Ein hoher, verglaster weißer Tresen trennt den Gang von den dahinterliegenden Kontorräumen. In die Glasfront sind kleine Schiebefenster eingelassen, durch die die Kapitäne ihre Frachtpapiere und wohl auch ihre Heuer erhielten. Für die Matrosen hingegen gab es ein anderes Büro außerhalb, sie mussten bei Wind und Wetter draußen warten. Auf der Innenseite des Tresens dienen unzählige Schubladen der Ordnung; für die Sicherheit standen zwei bis heute erhalten gebliebene Tresore bereit. Auch die anderen Räumen, in denen heute die Kulturwerkstatt unter anderem Lesungen und Konzerte veranstaltet, sind nur durch Glaswände mit weißen Holzrahmen abgetrennt – die Mitarbeiter im Kontor konnten also jederzeit beobachtet werden. Mehr Privatheit bot nur das Konsulzimmer. Das war auch notwendig, denn Firmeninhaber Carl Renck war um 1900 auch britischer und portugiesischer Vizekonsul. Ein Modell der Schiffe, die Renck &

Reederei und Vizekonsulat vereint

Beliebt vor allem bei Kindern: die Seehunde vor dem Palmspeicher

Hessenmüller selbst im Einsatz hatten, und Proben verschiedener Waren machen aber deutlich: Hier ging es in erster Linie um den Handel. An der Wand hängt noch ein Ölgemälde, das Renck zeigt (schön steif mit Stehkragen), daneben ist ein kleines Eckchen der ursprünglichen Wandgestaltung dieses Raums wieder freigelegt worden.

Ich verabschiede mich von Frau Schillerwein und setze meinen Rundweg durch den Binnenhafen in der gegenüber abzweigenden Harburger Schloßstraße fort. Radfahrer können ihr Fahrrad am Kanalplatz abstellen, der nun folgende Abstecher endet nur zweihundert Meter weiter westlich an der Kreuzung des Kanalplatzes mit der Blohmstraße. Etwa in der Mitte der Straße strahlt auf der linken Seite schon das große weiße Webereigebäude der F. Thörl's Vereinigte Harburger Oelfabriken Aktiengesellschaft, die mit der Verarbeitung von Palm- und Kokosöl groß geworden ist, daneben aber noch weitere Produkte herstellte und vertrieb. Heute nutzt die TU Harburg die Räumlichkeiten. Gleich dahinter biege ich links ab und komme zum 1883 erbauten, denkmalgeschützten Palmspeicher. Im vorderen Teil serviert das Restaurant Schwerelos dem Gast seine Speisen über Achterbahngleise, auf denen die

Töpfchen mit dem Essen herbeischweben. Für Familien mit Kindern ein großer Spaß, andere Harburg-Besucher essen anderswo leckerer. Beliebt bei Kindern sind auch die kleinen Seehunde aus Stein, die sich vor dem Speicher räkeln. Direkt dahinter führt eine Brücke über den Westlichen Bahnhofskanal zum nächsten Bürogebäude (das dann schon wieder auf dem Schellerdamm steht). Im Foyer hinter dem wasserseitigen Eingang steht rechts ein Modell des Harburger Hafens, anhand dessen man sich einen guten Überblick verschaffen kann. Auf dem Rückweg über die kleine Fußgängerbrücke entdecke ich auf der Außenwand des Palmspeichers ein Bild: Nach einer historischen Vorlage hat der Künstler Werner Krömeke Arbeiter lebensgroß aufgemalt, die etwa 1905 an genau dieser Stelle fotografiert wurden. Unten am Wasser schaut eine Gruppe Arbeiter den Betrachter an, vor und zwischen ihnen Säcke mit Waren. Über ihren Köpfen schwebt ein Teil der Ladung, die weiter oben von anderen Arbeitern bereits erwartet wird. Das Bild ist Teil des Projekts *Fenster in die Geschichte*, in dessen Rahmen auch noch an anderen Orten in Harburg (etwa am Kaispeicher an der dem Wasser zugewandten Seite) und anderen Teilen Hamburgs (am Nikolaifleet) solche lebensgroßen, die vergangene Arbeitswelt zeigenden Gemälde entstehen. Im Durchgang des Palmspeichers ist eine kleine Dokumentation zu dieser Aktion angebracht.

Wieder zurück auf der Harburger Schloßstraße stehe ich vor einem kleinen Stück des alten Harburg, das auf der anderen Straßenseite überlebt hat. Die Fachwerkhäuser stammen teils aus dem 17. bis 19. Jahrhundert, teils handelt es sich um Nachbauten. Genau gegenüber dem Zugang zum Speicher

Wandgemälde nach historischen Fotos zeigen die Arbeitswelt von früher.

führt zwischen den Häuschen ein kleiner Weg zu einer Brücke über den Kaufhauskanal. Auf diesem Pfad ist die Form der Grundstücke gut zu erkennen, schmal, aber dafür sehr lang, um sowohl den Zugang an der Straße als auch am Wasser sicherzustellen. Auf der anderen Seite des Kanals überquere ich den Hof der Neubauten, um danach rechts in der Blohmstraße bis zur gründerzeitlichen Villa Lengemann vorzulaufen. Im Hinterhof dieser Villa verbirgt sich nichts weniger als das älteste Lagerhaus auf Hamburger Stadtgebiet. Der ehemalige Kaufhausspeicher von 1826 stand zu früheren Zeiten an einem anderen Standort, wurde aber im Jahr 1881 wegen des Baus der Unterelbebahn abgebaut und an dieser Stelle wieder errichtet: ein Vorteil der Fachwerkbauweise. Die Bezeichnung „Kaufhaus" hat übrigens nichts mit unseren heutigen Shoppingtempeln zu tun, der Speicher diente vor allem als Lager und für den Warenumschlag. Mittlerweile ist das alte Gebäude renoviert und im Mai 2015 als Konzert- und Event-Location eröffnet worden, in dem sogar das Schleswig-Holstein Musik Festival gastiert.

Ich kehre auf die Blohmstraße zurück, laufe nach rechts wieder in Richtung Hafen und hole am Kanalplatz mein Fahrrad ab. Über die Lotsebrücke geht es in Richtung Norden auf den Dampfschiffsweg. Dort biege ich in den Lotsekai ein und schnuppere ein wenig Hafenluft: Vorbei am Kulturkran in Richtung Werft kann ich einen Blick auf das gegenüberliegende Ufer mit dem Kaispeicher werfen. Hier befinde ich mich bereits auf der Schlossinsel, auf der die schon 1135 zum ersten Mal erwähnte Horeburg stand. Im Dreißigjährigen Krieg wurde die Schlossinsel zitadellenförmig als Bastion ausgebaut; eine Form, die bis heute auf Stadtplänen deutlich zu erkennen ist. Zum Schloss selbst fahre ich über die Zitadellenstraße, eine Parallelstraße des Lotsekais, und biege in die Straße An der Horeburg ein. Heute ist vom Schloss nur noch der Westflügel erhalten, der als Wohnhaus genutzt wird. Es braucht schon ein wenig Fantasie, sich das Schloss vorzustellen. Am ehesten ist dies auf der Rückseite des Hauses möglich, wo noch etwas Bauschmuck und ein Tor auf die einstige herrschaftliche Nutzung des Gebäudes hinweisen. Hinter dem Schloss entsteht eine ganze Reihe Neubauten, teuer, direkt am Wasser gelegen und mit eigenem Bootsanleger.

Nach all der Architektur und Geschichte wird es Zeit für eine Pause, und dafür gibt es in dieser Gegend nur eine Adresse: „Bei Rosi" im Dampfschiffsweg 21. Also wieder zurück in Richtung Brücke, dort am Dampfschiffsweg rechts abgebogen und etwa anderthalb Kilometer weiter an Werften und Liegeplätzen vorbei in Richtung Süderelbe. Das Harburger Fährhaus, wie die Kneipe eigentlich heißt, ist eine Institution im Binnenhafen und in ganz Harburg. Ein Fährhaus gab es an dieser Stelle bereits um 1860, seit über fünfunddreißig Jahren steht Rosi hinterm Tresen. „Früher fuhr hier stündlich die Fähre durch den Reiherstieg nach Hamburg", erzählt mir Rudi Krokos, Rosis Mann. „Die wurde aber 1975 eingestellt." Vielleicht, so die Hoffnung, wird es wieder eine Fährverbindung geben, wenn die Schlossinsel erst einmal fertig bebaut ist. Das Fährhaus ist eine Hafenkneipe im allerbesten Sinne. „Neumodischen Kram wollen wir hier nicht", sagt Rudi. Nun denn! Die Deko: ein Rettungsring, ein Steuerrad an der Wand, Holzschiffe und Fischernetze unter der Decke. Die Musik: viel, aber nicht nur von Freddy Quinn und Hans Albers. Alle Anwesenden, vom Gast bis zur Wirtin: entspannt, herzlich und bereit, jeden der reinkommt, freundlich aufzunehmen und mit ihm die Nacht durchzuschnacken. Gelegentlich schneit Gunter Gabriel herein, der ganz in der Nähe sein Schiff liegen hat, und bringt ein paar Promis mit. Ansonsten haben nicht nur die Bewohner der wenigen umliegenden Wohnungen bei Rosi ihre Stammkneipe gefunden, auch die Besitzer von Schiffen, die hier vor Anker liegen, kommen regelmäßig vorbei. Banker, die sich von Hamburg aus auf den Weg gemacht haben, und

Hafenarbeiter, die in den Werften nebenan arbeiten, Alt und Jung, Frau und Mann – sie alle sitzen gemütlich an der Bar zusammen und lassen sich von Rosi und ihrer Crew ein Bier zapfen oder eine der legendären Currywürste servieren – angeblich eine der besten in der ganzen Stadt.

Nach der Pause geht die Tour mit einem Abstecher an die Süderelbe weiter. Auch wenn kein regelmäßiger Fährverkehr mehr besteht, den Anleger gibt es noch, und bei Veranstaltungen wird er auch weiter angelaufen. Hinter dem Fährhaus führt eine kleine Brücke zu einer Spundwand, in der sich ein Durchlass zur Süderelbe findet. Dahinter habe ich einen schönen Blick auf die Alte Harburger Elbbrücke und auf die gegenüberliegende Einfahrt in den Reiherstieg, ein stark industriell geprägter Seitenarm der Elbe, der von hier die Elbinsel Wilhelmsburg durchschneidet und im Norden etwa auf Höhe der Elbphilharmonie in die Norderelbe mündet.

Meine Radtour führt mich nun in Richtung Harburger Schleuse, der letzten Station. An der Schleuse müssen Fahrräder ein paar Stufen hoch- und wieder runtergetragen werden. Wem das zu beschwerlich ist, fährt den Dampfschiffsweg bis zum Kanalplatz zurück und nimmt von dort wieder Kurs auf die Alte Elbbrücke oder auf die nächste S-Bahn-Station am Harburger Rathaus.

Vom Fluss aus kehre ich zurück zu Rosi, biege dort nach links in den Dampfschiffsweg ein und folge seinem kurvigen Verlauf entlang dem Harburger Hauptdeich an Werften und Liegeplätzen vorbei (Fußgänger können von der Deichkrone aus den Blick auf die Süderelbe genießen). Rechts von mir taucht das smaragdgrüne Gebäude der Wasserschutzpolizei auf, auf dessen Höhe ich den linken Weg nehme und kurz danach die Schleuse erreiche. Sie trennt den Binnenhafen von der Süderelbe und sperrt Ebbe und Flut aus. Der Harburger Hafen ist damit auf Hamburger Gebiet der einzige tidenunabhängige Seeschiffshafen überhaupt. Die Harburger

Hafenschleuse ist Tag und Nacht durchgehend in Betrieb, und wer Glück hat, kann eine Schleusung live verfolgen. Hinter der Schleuse bringt mich die Straße Hafenbezirk wieder in Richtung Alte Harburger Elbbrücke.

Zum Besuchen

Kulturwerkstatt Harburg

Kanalplatz 6, Tel.: 040-7652613
Mo 16–19 Uhr, Mi 16–20 Uhr
www.kulturwerkstatt-harburg.de

Die Innenräume des alten Kontorhauses, das heute von der Kulturwerkstatt Harburg genutzt wird, können zu den Geschäftszeiten sowie vor Veranstaltungen (eine bis anderthalb Stunden vor Beginn) besichtigt werden. In den Ferienzeiten ist es sinnvoll, vorab anzurufen und sich zu erkundigen, ob wirklich geöffnet ist.

Speicher am Kaufhauskanal

Blohmstraße 22, Tel.: 0151–12170938
www.speicher-am-kaufhauskanal.com

Im ältesten Speicher der Stadt finden seit Sommer 2015 Konzerte und Lesungen statt, auch das Schleswig-Holstein Musik Festival macht hier Station.

Zum Genießen

Harburger Fährhaus „Bei Rosi"

Dampfschiffsweg 21, Tel.: 040-770294
Mo–Fr 11–22 Uhr, Sa, So und feiertags 10–22 Uhr
Im Winter schließt Rosi manchmal auch früher. Aber:
Zugemacht wird, wenn der letzte Gast gegangen ist.
Echte Hafenkneipe ohne Schickimicki, dafür mit viel Herz-lichkeit. Einfach mit an den Tresen setzen und bis spät in die Nacht den Geschichten von früher lauschen.

Momento di

Veritaskai 3, Tel.: 040-76755594
Mo–Fr 12–22 Uhr, Sa 17–22 Uhr
www.momentodi.com
Schickes Restaurant mit deutschen und mediterranen Speisen im alten Kaispeicher und mit tollem Blick auf die gegenüber-liegenden Werftanlagen und Hausboote. Durch die offene Küche lassen sich die Köche beim Arbeiten zusehen.

Nordlicht

Veritaskai 2, Tel.: 040-76793389
Mo–Sa 17–22.30 Uhr, So 12–21 Uhr
www.nordlicht-harburg.de
Untergebracht im Fleethaus am Schellerdamm strahlt das Haus einen rustikalen Charme aus. Wie es sich für ein Restaurant direkt am Hafen gehört, ist der Fisch besonders empfehlenswert.

Zum Nachkochen

ECHTE SEEMANNSKOST: LABSKAUS

Das etwas undefinierbare rötliche Gemisch aus Pökelfleisch, Kartoffelbrei, Roter Bete, Matjes, eingelegter Gurke und einem Spiegelei auf dem Teller sorgt bei Besuchern immer wieder für Stirnrunzeln, wird von den Hanseaten aber heiß geliebt. Labskaus ist ein typisches Seefahrergericht, das an den Küsten Norddeutschlands und in Skandinavien sowie in England zu Hause ist. Hinein kam alles, was die Kombüse hergab. Ich bestelle für mein Labskaus gepökelte Rinderschulter bei meinem Schlachter vor. Wem die Zubereitung mit Pökelfleisch zu aufwendig ist, nimmt stattdessen Corned Beef.

Zutaten (für 4 Personen)

600 g gepökelte Rinderschulter
1 Lorbeerblatt
5 schwarze, ganze Pfefferkörner
700 g mehlig kochende Kartoffeln
100 g eingelegte Rote Bete
3 Zwiebeln
Schmalz zum Anbraten
4 Eier
4 milde Matjesfilets, gegebenenfalls in Wasser
   einlegen (alternativ Rollmöpse)
4 eingelegte Gurken
Salz, Pfeffer

Zubereitung

Pökelfleisch mit dem Lorbeerblatt und den Pfefferkörnern in reichlich Wasser in etwa anderthalb Stunden weich kochen. Anschließend durch den Fleischwolf geben. Die Kartoffeln kochen und noch heiß durch die Kartoffelpresse geben, Kartoffelbrei nicht zu fein zubereiten. Die Zwiebeln schälen,

Typische Seemannskost ganz einfach selbst gemacht: Labskaus

würfeln und im Schmalz andünsten. Rote Bete in kleine Stückchen schneiden. Das Fleisch mit dem Kartoffelbrei, der Roten Bete und den Zwiebeln vermengen, bei Bedarf noch Brühe, Rote-Bete-Saft und Gurkenwasser hinzugeben, mit Salz und Pfeffer kräftig abschmecken und alles auf vier Teller verteilen. Vier Spiegeleier zubereiten und auf den Labskaus geben, je ein Matjesfilet danebenlegen. Die eingelegten Gurken längs aufschneiden, auffächern und das Gericht damit dekorieren.

Unterwegs in der Stadt

Hamburg steht regelmäßig kurz vor dem Verkehrsinfarkt. Am besten kommt man daher mit den öffentlichen Verkehrsmitteln, mit dem Fahrrad oder zu Fuß voran.

Auch wenn die Bewohner gern mal über Bus und Bahn schimpfen: Hamburg hat einen sehr guten öffentlichen Nahverkehr, der einen ziemlich zuverlässig und regelmäßig überall hinbringt. U- und S-Bahnen verbinden die Stadtteile miteinander, die meisten Busse dienen als Zubringer zu den Bahnstationen und verteilen die Passagiere in den Vierteln. Die zweiundzwanzig Metro-Buslinien verknüpfen jene Stadtteile, die die U- und S-Bahnen nicht oder nur schlecht erreichen. Während der Stoßzeiten am Morgen und Abend fahren einige U-Bahn-Linien im Drei-Minuten-Rhythmus, viele Busse kommen alle fünf bis zehn Minuten. Am seltensten fahren die S-Bahnen, aber dafür decken sie gemeinsam mit den Bussen in den Außenbereichen ein riesiges Gebiet ab. Ein HVV-Großraumticket ist vom niedersächsischen Neu-Wulmsdorf knapp vor Buxtehude im Südwesten bis ganz in den Norden in das schleswig-holsteinische Ahrensburg, von Wedel mit der berühmten Schiffsbegrüßungsanlage im Westen bis hinter das Zollenspieker Fährhaus im östlichsten Zipfel der Stadt gültig.

Und auch wenn die Preise in den letzten Jahren sehr zum Ärger der Hamburger regelmäßig und in der Summe heftig angehoben wurden, lohnen sich vor allem die Ein- und Mehrtagestickets für alle, die die Stadt erkunden wollen und dabei oft ein-, aus- und umsteigen.

Einige Linien eignen sich besonders gut, um neue Blicke auf die Stadt zu gewinnen. Nur eine kleine Auswahl: Die Ringlinie U 3 bietet zwischen Rödingsmarkt und Landungsbrücken zu jeder Tages- und Nachtzeit die schönsten Blicke auf die Elbphilharmonie und die Speicherstadt, die Elbe und den Hafen. Es gibt nicht wenige Hamburger, die für diesen Blick einen längeren Weg in Kauf nehmen – ich selbst gehöre dazu. Im Norden fährt die U 3 oberirdisch durch Eppendorf, vorbei an den eleganten Gründerzeitbauten. Berühmt und selbst schon eine touristische Attraktion sind die kleinen, Bergziegen genannten Busse der Linie 48, die (zuschlagpflichtig) in Blankenese durch die engen und steilen Gassen des Treppenviertels kurven. Die Buslinie 111 fährt vom Bahnhof Altona bis in die Hafencity und passiert dabei den Fischereihafen, den Fischmarkt, die Landungsbrücken und die Elbphilharmonie. Der berühmt-berüchtigten Wilhelmsburger Linie 13 wurde sogar ein eigener Film gewidmet mit dem passenden Titel *Die wilde 13*. Der Metrobus 3 ist eine der wichtigsten Ost-West-Verbindungen durch die Stadt und hält zum Beispiel an den Deichtorhallen, am Rathaus und an der Laeiszhalle sowie an weiteren Top-Attraktionen der Stadt. Es lohnt sich oft, statt den schnelleren U- und S-Bahnen den Bus zu nehmen und einfach aus dem Fenster auf die vorbeiziehende Stadt zu schauen.

Fahrradfahrer finden fast überall in der Stadt Radwege, allerdings sind diese oft in einem erbärmlichen Zustand. Dennoch ist das Rad häufig das schnellste Verkehrsmittel, weil sich Staus damit einfach umfahren lassen. Seit einigen Jahren gibt es im Zentrum viele Mietstationen von StadtRAD, an denen man sich nach vorheriger, einmaliger Anmeldung spontan ein Fahrrad ausleihen kann. Die ersten dreißig Minuten sind kostenlos – das reicht locker, um von Sehenswürdigkeit zu Sehenswürdigkeit zu kommen. Etwas Vorsicht ist beim Radeln aber angebracht. Autofahrer nehmen nicht unbedingt Rücksicht, die Wege sind teilweise sehr eng und vor allem auf den beliebten Strecken rund um die Alster oder die Elbe entlang übervoll. Oft ist auch die Streckenführung alles andere als eindeutig, und Radler kommen mit Fußgängern ins Gehege. Kein Wunder also, dass immer mehr Hamburger mit Helm unterwegs sind. Je weiter man sich allerdings vom Zentrum entfernt, desto entspannter wird in der Regel auch das Radfahren.

Noch sehr neu ist das Angebot von Jaano. Bei diesem Anbieter können Sie sich einen Roller mieten. Voraussetzungen sind nur ein Führerschein und die Teilnahme an einer Einweisung. Das Prinzip ist einfach: anmelden, App runterladen und darüber den nächsten freien Roller finden. Den dann über das Handy mieten und losfahren. Ein Helm liegt in der Sitzbank. Am Ziel angekommen, checkt man einfach wieder aus und lässt den Roller für den nächsten Nutzer stehen.

Innenstadt, Hafencity, Landungsbrücken, Reeperbahn – an diesen Orten geht es zu Fuß mit Sicherheit am besten voran. Hier herrscht oft Gedränge, in dem ein Fahrrad nur stört. Außerdem liegen die Sehenswürdigkeiten so nah beieinander, dass sie sich problemlos erlaufen lassen.

Was Sie in Hamburg
besser nicht machen sollten

Mit dem Auto in die Stadt fahren: Parkplätze sind fast überall knapp, und wenn es sie gibt, dann sind sie teuer. Zudem erstickt die Stadt ohnehin an zu vielen Autos. Staus und zähfließender Verkehr sind an der Tagesordnung. Jedes Auto weniger im Zentrum ist ein Gewinn für Anwohner und Besucher. Lassen Sie Ihr Fahrzeug am besten außerhalb in einem der vielen P+R-Häuser stehen, und kommen Sie mit Bahn oder Bus in die Stadt.

Schwarzfahren in Bussen, U- und S-Bahnen: Es wird oft und streng kontrolliert, nicht nur in den Waggons selbst, sondern auch beim Verlassen des U- und S-Bahnhofs. Dabei fangen die Kontrolleure jeden ab, der vom Bahnsteig kommt. Wer ohne Fahrkarte erwischt wird, zahlt sechzig Euro. Beim Einstieg in die Busse müssen die Karten ohnehin vorgezeigt werden, hier können Sie auch direkt beim Fahrer ein Ticket kaufen. Übrigens brauchen Sie auch auf den HVV-Fähren eine Fahrkarte, und auch hier wird kontrolliert.

Eine Hafenrundfahrt mit einem der großen Dampfer machen: Eine Hafenrundfahrt mit Besichtigung der Speicherstadt ist Pflicht für viele Touristen. Nehmen Sie dafür eine der kleinen Barkassen, mit denen Sie wirklich in das Weltkulturerbe hineinfahren können, zwischen den alten Gebäuden passen die großen Schiffe gar nicht durch. Übrigens: Bei Ebbe fällt die Speicherstadt trocken, und ohne Wasser fährt dort auch kein Schiff. Und beim höchsten Wasserstand bei Flut passen die Schiffe nicht mehr unter den Brücken durch. Wenn Sie die Speicherstadt vom Schiff aus besichtigen wollen, fragen Sie bei der Buchung konkret nach, wann der Wasserstand am betreffenden Tag dies zulässt.

Bei echtem Schietwetter mit Schirm rausgehen: Zwar regnet es in Hamburg wesentlich seltener als behauptet, aber gelegentlich gibt es das doch: echtes Schietwetter! Dann wird man von allen Seiten gleichzeitig nass, auch von unten – da hilft auch kein Schirm mehr. Meist pfeift noch ein kräftiger Wind um die Ecke. Und der macht jedem Regenschirm, der nicht ausdrücklich sturmfest ist, in Nullkommanix den Garaus. Nach einem ordentlichen Herbststurm steckt in nahezu jedem Mülleimer in der Stadt ein verbogenes Regenschirmgerippe. Besser ist es, eine Phase mit etwas weniger Regen abzuwarten, den Mantelkragen hochzuschlagen, zur nächsten U-Bahn-Station zu sprinten und zum Shoppen in eine der garantiert trockenen Einkaufspassagen in der Stadt zu fahren. Mit Gedränge ist dann allerdings zu rechnen.

Behaupten, München oder Berlin seien schöner: Hamburg ist die schönste Stadt Deutschlands, wenn nicht gar der Welt. Da kann keine andere mithalten. Alles klar?

Zum Lesen und Erkunden

Gabriele Franke, Reinhard Saloch u. Dieter Thiele: *Bauer Eggers' Linden stehen noch. Erster Barmbeker Geschichtsrundgang.* Hg. vom Museum der Arbeit und der Geschichtswerkstatt Barmbek. VSA-Verlag 1988. Dieser Band steht stellvertretend für die Publikationen der Geschichtswerkstätten in Barmbek und den anderen Hamburger Stadtteilen, die immer wieder wahre Fundgruben sind, wenn es um Geschichte und Geschichten geht.

Stefan Beuse: *Gebrauchsanweisung für Hamburg.* Piper Verlag 2009. Eine Liebeserklärung an die Stadt und ihre Bewohner in Buchform.

Wolfgang Borchert: *Draußen vor der Tür und ausgewählte Erzählungen.* rororo 1956. Der 1921 in Eppendorf geborene Borchert ist einer der bedeutendsten Schriftsteller, die Hamburg hervorgebracht hat. Er starb 1947, einen Tag bevor sein berühmtes Stück *Draußen vor der Tür* in Hamburg uraufgeführt wurde.

Matthias Claudius: *Der Wandsbecker Bote.* Claudius ist als Wandsbecker Bote in die deutsche Literaturgeschichte eingegangen. Seine Gedichte und Schriften sind in zahlreichen Auswahlbänden erhältlich.

Helmut Ebeling (Hg.): *Der Lord von Barmbeck. Das Leben des berüchtigten Ein- und Ausbrechers Julius Adolf Petersen von ihm selbst erzählt.* rororo 1987 (nur noch antiquarisch erhältlich). Trotz eines etwas „schwurbeligen" Stils amüsant zu lesende Lebensgeschichte des Ausbrecherkönigs. Schönes Sittenbild aus den 1920er- und 1930er-Jahren.

Ralph Giordano: *Die Bertinis*. Fischer Taschenbuchverlag 1985. Giordanos autobiografisch geprägter Roman spielt in Barmbek, die Lindenallee aus dem Buch ist die Hufnerstraße in Barmbek-Nord. Der Text zeigt, wie verbunden der Autor dem Stadtteil und der Stadt war, dem Leid und der Verfolgung seiner Familie im „Dritten Reich" zum Trotz.

Ralf Lange: *Architektur in Hamburg. Der große Architektur-führer. Über 1000 Bauten in Einzeldarstellungen*. Julius Verlag 2008. Unverzichtbar für alle, die Hamburg erkunden wollen.

Heinz Strunk: *Fleisch ist mein Gemüse. Eine Landjugend mit Musik*. rororo 2004. Keine hohe Literatur, aber die lustig-liebe-voll-grausame Zeichnung einer trostlosen Jugend in Harburg und dem Umland.

Uwe Timm: *Die Entdeckung der Currywurst*. dtv 2000. Anrührende Liebesgeschichte aus der Endphase des Zweiten Weltkriegs, in der eine Frau zunächst einen fahnenflüchtigen Soldaten versteckt und ihm dann das Kriegsende verschweigt.

Danksagung

Ohne die Unterstützung der folgenden Personen würde es dieses Buch in dieser Form nicht geben.

Danke an Bernhard Borovansky und Anita Luttenberger vom Braumüller Verlag, dass sie mir das Glück bescherten, dieses Buch schreiben zu dürfen. An Felix Wolf, dass er meinen Namen beim Braumüller Verlag ins Spiel gebracht hat. An Ulrike Frühwald, Marja-Leena Höpke und Uwe Meschenmoser für die Begleitung bei meinen Entdeckungstouren durch die Stadt. An Sven Dernedde, Katrin Rintelen-Rösler, Kai Schirdewahn und Ute von Staegmann für das geduldige Zuhören, wenn ich mal wieder ins Schwärmen geriet. An Andreas und Gesa Füßle für Kost und Logis bei meinen Recherchen in den Vierlande.

Vor allem Danke an meine Interview- und Gesprächspartner Marc van den Broek, Sören Kemke, Horst Klöckner, Rudi Krokos, Rolf Lengemann, Wolfram Neugebauer, Axel Oberdörfer, Axel Piatscheck, René Rühmann, Marita Schillerwein, Sabine Schwer, Stefan Sembritzki und Gerrit Sommer sowie an Jasper Busreisen.

Nicht zuletzt bedanke ich mich bei all den Menschen, die ich in den vergangenen Jahren bei meinen Touren durch die Stadt getroffen und mit denen ich ins Gespräch gekommen bin, die mir von ihrem Viertel und ihrer Straße erzählt und so über die Zeit manchen Tipp beigesteuert haben. Ich liebe diese Stadt. Und die manchmal etwas ruppige Herzlichkeit ihrer Bewohner trägt vieles dazu bei. Danke Hamburg!